Lugar de negro

Lélia Gonzalez
Carlos Hasenbalg

Lugar de negro

2ª reimpressão

Copyright © 2022 by herdeiros de Lélia Gonzalez
Copyright © 2022 by herdeiros de Carlos Hasenbalg

Grafia atualizada segundo o Acordo Ortográfico da Língua Portuguesa de 1990, que entrou em vigor no Brasil em 2009.

Capa
Elisa von Randow

Imagem de capa
Mayara Ferrão

Revisão
Huendel Viana
Nana Rodrigues

Dados Internacionais de Catalogação na Publicação (CIP)
(Câmara Brasileira do Livro, SP, Brasil)

Gonzalez, Lélia
    Lugar de negro / Lélia Gonzalez, Carlos Hasenbalg. — 1ª ed. — Rio de Janeiro : Zahar, 2022.

    ISBN 978-65-5979-059-3

    1. Negros – Brasil 2. Brasil – Relações raciais 3. Negros – Brasil – Condições sociais I. Hasenbalg, Carlos. II. Título.

22-99992   CDD: 305.896081

Índice para catálogo sistemático:
1. Brasil : Negros : Sociologia   305.896081

Cibele Maria Dias – Bibliotecária – CRB-8 / 9427

Todos os direitos desta edição reservados à
EDITORA SCHWARCZ S.A.
Praça Floriano, 19, sala 3001 — Cinelândia
20031-050 — Rio de Janeiro — RJ
Telefone: (21) 3993-7510
www.companhiadasletras.com.br
www.blogdacompanhia.com.br
facebook.com/editorazahar
instagram.com/editorazahar
twitter.com/editorazahar

Sumário

Apresentação, por Márcia Lima 9

O movimento negro na última década, por Lélia Gonzalez 15

O golpe de 1964, o novo modelo econômico e a população negra 17

Movimento ou movimentos negros? 25

Experiências e tentativas 29

A retomada político-ideológica 39

O Movimento Negro Unificado Contra a Discriminação Racial (MNU) 55

Raça, classe e mobilidade, por Carlos Hasenbalg 85

O estudo das relações raciais nos Estados Unidos 89

Relações entre negros e brancos no Brasil 105

Racismo e desigualdades raciais no Brasil 111

Conclusão 121

O negro na publicidade, por Carlos Hasenbalg 123

Notas 137

Os autores dedicam este livro a
Brício, um raio de sol
Olímpio Marques, um lutador
Candeia, sempre vivo

Apresentação

É UMA ENORME ALEGRIA apresentar aos leitores e leitoras brasileiros esta nova edição de *Lugar de negro*, no mesmo ano em que se completam quarenta anos de sua publicação original. O livro reúne três textos de duas grandes referências dos estudos sobre relações raciais e desigualdades raciais no Brasil.

A produção intelectual e a liderança de Lélia Gonzalez, uma das mais importantes pensadoras brasileiras do século XX, sempre foram marcantes na história do movimento negro e na construção do feminismo negro. Sua obra manteve-se viva e influenciando novas gerações graças aos inúmeros esforços do ativismo negro em garantir a circulação de suas ideias. Mais recentemente, com a publicação da coletânea *Por um feminismo afro-latino-americano* — concentrando em um só volume grande parte de sua produção escrita —, o alcance do pensamento da autora mudou de patamar. Carlos Hasenbalg, sociólogo argentino, viveu no Brasil por quase quarenta anos, e seu livro *Discriminação e desigualdades raciais no Brasil*, de 1979, é um divisor de águas na interpretação das relações entre classe e raça nos estudos sociológicos sobre o tema.

Lugar de negro, este pequeno e potente livro, sintetiza questões muito centrais ao debate racial brasileiro. E podemos começar pelo título. O termo "lugar" nos remete a uma dimensão muito crucial das desigualdades raciais. Lélia Gonzalez, em diversos de seus textos, relembra uma frase de Millôr Fernandes sobre a peculiaridade do racismo brasileiro ao dizer que "no Brasil não existe racismo porque o negro conhece o seu lugar". "Saber o seu lugar" é uma expressão de naturalização das posições sociais, uma hierarquia presumida que aloca indivíduos segundo os marcadores sociais de raça, classe, gênero e território. Naquele momento, refletir sobre os processos discriminatórios de construção dessas posições sociais havia se tornado uma tarefa primordial da agenda intelectual e política de pesquisadores e militantes. É digno de nota que, na época do lançamento deste livro, foram publicados também *O lugar da mulher*, organizado por Madel Luz, e *O lugar do negro na força de trabalho*, escrito por Lucia E. G. de Oliveira, Rosa M. Porcaro e Tereza C. N. Araújo.

Mas há outros sentidos importantes atribuídos à ideia de lugar, presentes em especial na obra de Lélia Gonzalez, cujo pensamento é marcado por duas chaves analíticas: chamar

Apresentação

atenção para as desigualdades e hierarquias sociais, mas também para as formas de luta e resistência. A importância de um pensamento feminista afro-latino-americano que evidencia uma reflexão de e sobre mulheres negras dá sentido à ideia de lugar enquanto uma posição da qual se fala. Em um de seus textos mais fundamentais, "Racismo e sexismo na cultura brasileira",* Gonzalez nos diz que "o *lugar* em que nos situamos determinará nossa interpretação sobre o duplo fenômeno do racismo e do sexismo". A essa perspectiva, alinha-se a ideia do lugar emancipatório que a mulher negra ocupa trazendo, em suas palavras, "a marca da libertação de todos e de todas". O sentido natural do lugar social dá espaço ao sentido político presente na construção do feminismo negro.

Carlos Hasenbalg, assim como Gonzalez, trabalha a ideia de lugar como resultante de práticas discriminatórias impostas à população negra que atuam com o intuito de regular suas aspirações através da construção dos "lugares apropriados". Ao analisar o negro na publicidade, no artigo que fecha a presente obra, o autor destaca como esse segmento reproduz estereótipos, contribuindo para a construção desses lugares que em geral confinam o negro em posições subordinadas ou de entretenimento.

---

* Ver Lélia Gonzalez, *Por um feminismo afro-latino-americano*. Rio de Janeiro: Zahar, 2021.

Assim, o lugar de negro é construído a partir das dimensões socioeconômicas, mas também de protagonismo político. Os autores sintetizam aqui importantes reflexões sobre a questão racial brasileira, alinhando-se ao modelo interpretativo que aborda a discriminação racial como um mecanismo central de produção e reprodução das desigualdades. Escrito durante o período de redemocratização do país, este livro contribuiu para uma grande tarefa que o movimento negro brasileiro enfrentava: desconstruir a narrativa da democracia racial que tinha sido fortalecida na ditadura.

Lélia Gonzalez dedica-se aqui a apresentar o processo de consolidação do movimento negro, abordando questões significativas sobre sua formação e consolidação e destacando a existência de uma tradição de mobilização negra no país desde o pós-abolição. Seu ensaio narra as condições históricas, econômicas e políticas nas quais o movimento negro constrói seu caminho, culminando na criação do Movimento Negro Unificado, em 1978. A autora mobiliza sua própria trajetória política, depoimentos de militantes e diversos fatos históricos marcantes, e recupera, ao longo do percurso, as múltiplas formas de atuação política do movimento negro, os desafios impostos internamente às organizações negras e a importância das mulheres negras na construção das suas pautas, demandas e ações.

Apresentação

Carlos Hasenbalg, por sua vez, traça um panorama da discussão racial no Brasil debatendo os principais aspectos analíticos sobre a configuração do racismo e das desigualdades raciais. O autor analisa a produção estadunidense acerca da temática racial e tece uma crítica importante às teses assimilacionistas e à abordagem marxista da época. Ele argumenta que relegar o preconceito racial e o racismo ao reflexo das relações de classe subestima o papel específico da opressão racial na sociedade brasileira.

Trazendo o debate para o caso brasileiro, Hasenbalg examina as principais vertentes interpretativas das relações raciais, destacando que, embora distintas, todas mantêm a perspectiva assimilacionista, imputando às características do grupo subordinado a responsabilidade por sua situação desigual. Essas perspectivas, segundo ele, não consideram a possibilidade de racismo, industrialização e desenvolvimento capitalista coexistirem. Sua tese é que preconceito e discriminação raciais são ressignificados na nova estrutura social, e que as práticas racistas geram benefícios materiais e simbólicos ao grupo dominante ao desqualificar competitivamente a população negra.

Passadas quatro décadas, os temas abordados em *Lugar de negro* seguem atuais. Compreender as configurações de raça e classe no Brasil, assim como o lugar da discriminação racial no entendimento das desigualdades, é uma agenda intelectual cara aos estudos sociológicos. Da mesma forma, o lugar e o protagonismo do movimento negro brasileiro na construção da democracia no país são temas centrais no debate político contemporâneo. Revisitar essas interpretações é sempre muito enriquecedor e estimulante.

MÁRCIA LIMA

MÁRCIA LIMA é professora do Departamento de Sociologia da Faculdade de Filosofia, Letras e Ciências Humanas da Universidade de São Paulo (FFLCH/USP) e pesquisadora sênior associada ao Centro Brasileiro de Análise e Planejamento (Cebrap), onde coordena o Afro — Núcleo de Pesquisa sobre Raça, Gênero e Justiça Racial. Tem pesquisado e publicado nas áreas de desigualdades raciais, gênero, raça e ações afirmativas.

O movimento negro na última década

LÉLIA GONZALEZ

O golpe de 1964, o novo modelo econômico e a população negra

O GOLPE MILITAR DE 1964 procurou estabelecer uma "nova ordem" na sociedade brasileira, já que, de acordo com aqueles que o desencadearam, "o caos, a corrupção e o comunismo" ameaçavam o país. Tratou-se, então, do estabelecimento de mudanças na economia mediante a criação do que foi chamado de um novo modelo econômico em substituição ao anterior. Mas para que isso se desse, os militares determinaram que seria necessário impor a "pacificação" da sociedade civil. E a gente sabe o que significa esse termo, "pacificação", sobretudo na história de povos como o nosso: o silenciamento, a ferro e fogo, dos setores populares e de sua representação política. Ou seja, quando se lê *pacificação*, entenda-se *repressão*.

E muitas foram as medidas tomadas no sentido de garantir a nova ordem das coisas. A supressão dos antigos partidos políticos (ficando Arena e MDB em seu lugar); a cassação do mandato de numerosos representantes políticos e o consequente enfraquecimento do Congresso. Além disso, a dispersão das ligas camponesas, a supressão das guerrilhas urbanas, as prisões, as torturas, os desaparecimentos e os banimentos constituíram o pano de fundo necessário para o estabelecimento da paz social. Os Atos Institucionais, que tiveram no malfadado AI-5 a expressão mais acabada da ditadura, foram o instrumental privilegiado para que ela impusesse suas decisões. E foi dentro desse quadro que se partiu para a concretização do que ficou conhecido como o "milagre econômico" brasileiro.

E o que foi que caracterizou esse tal "milagre"? De acordo com analistas econômicos e políticos, sua caracterização consistiu naquilo que eles chamaram de Tríplice Aliança, ou seja, no casamento entre estado militar, as multinacionais e o grande empresariado nacional. E foi graças a essas núpcias que se deu o processo de crescimento desse barato que a gente tanto discute nos dias de hoje, mas que está saindo muito caro para o trabalhador brasileiro: a dívida externa. Desnecessário dizer que as massas, para variar, ficaram completamente excluídas da partilha do bolo do "milagre". Muito ao contrário, os "benefícios" que receberam tiveram como resultado o seu empobrecimento, determinado pela política do arrocho salarial. E quando a gente fala em massas, a gente está se referindo também, ou principalmente, ao grande contingente de negros que delas

O golpe de 1964, o novo modelo econômico e a população negra 19

faz parte e que, desde as décadas de 1950 e 1960, vinha num processo de crescimento.

A entrada agressiva do capital estrangeiro no país ampliou o seu parque industrial. E, à primeira vista, até que poderia parecer um grande avanço para a totalidade da população brasileira. Mas acontece que tal agressividade determinou, por sua vez, a desnacionalização ou o desaparecimento das pequenas empresas. E era justamente por elas que o trabalhador negro participava do mercado de trabalho industrial. Enquanto isso, no campo, desaparecia a pequena propriedade rural para dar lugar à criação de latifúndios, por parte das poderosas corporações multinacionais, amparadas pelo governo militar. Era o capitalismo invadindo todos os setores da economia brasileira.

Essa ofensiva ocasionou grandes índices de desemprego no campo. E se a isto se acrescenta a política de diferenciação do salário mínimo por regiões (beneficiando sobretudo o Sudeste), a gente pode imaginar qual o tipo de saída encontrado pelo trabalhador rural para fugir da miséria: o deslocamento para a periferia dos grandes centros urbanos. Começava, desse modo, a inversão da relação populacional entre campo e cidade (de acordo com o censo de 1980, a população urbana passou a constituir 67,57% do total). Graças a esse êxodo rural, as cidades não cresceram, mas "incharam", com o aumento do número de favelas e o surgimento desse novo personagem, o "boia-fria", no cenário da história dos despossuídos deste país.

Com tal afluxo de mão de obra, não foi difícil para os tecnocratas do poder realizarem seu projeto de crescimento econômico. A indústria automobilística, assim como a de construção civil, serviram de pontas de lança do processo que afogou os demais setores da economia brasileira na voragem do imperialismo multinacional. A construção civil foi sobretudo um grande escoadouro da mão de obra barata (majoritariamente negra), porque não qualificada. E toma de abrir rodovias, de desativar ferrovias etc. e tal. Eram as grandes obras do "milagre"; e o seu exemplo mais grandiloquente está aí, na ponte Rio-Niterói, que também poderia ser considerada como o túmulo do trabalhador desconhecido, tal o número de vidas anônimas ceifadas durante a sua construção.

Outro grande escoadouro de mão de obra barata foi a prestação de serviço. Também ali encontramos o trabalhador negro fortemente representado, sobretudo em atividades menos qualificadas, tais como limpeza urbana, serviços domésticos, correios, segurança, transportes urbanos etc. Sua presença era pequena, por exemplo, num tipo de polo industrial como o do ABC paulista, uma vez que o nível tecnológico das indústrias ali concentradas exigia um tipo de especialização que a maioria dos trabalhadores negros não possuía. Em suma, deslocando-se do campo para a cidade, ou do Nordeste

O golpe de 1964, o novo modelo econômico e a população negra 21

para o Sudeste, e se concentrando num mercado de trabalho que não exige qualificação profissional, o trabalhador negro desconheceu os benefícios do "milagre".

Como já foi dito, o arrocho salarial, imposto como uma das condições para o desenvolvimento do país, resultou na queda do nível de vida da grande massa trabalhadora (basta lembrar que em 1976 cerca de 80% da força de trabalho era constituída por trabalhadores manuais, rurais e urbanos). Se em 1960 a população pobre participava da renda nacional numa faixa de 18%, em 1976 essa percentagem havia caído para 11%. Por outro lado, se em 1960 a participação do negro na força de trabalho não era das mais significativas, em 1976 ela atingia a faixa dos 40%. Por aí se vê que esse aumento de participação no mercado de trabalho não significou uma melhoria do nível de vida para o conjunto da população negra.

As condições de existência material dessa população negra remetem a condicionamentos psicológicos que devem ser atacados e desmascarados. Os diferentes modos de dominação das diferentes fases de produção econômica no Brasil parecem coincidir num mesmo ponto: a reinterpretação da teoria do lugar natural, de Aristóteles. Desde a época colonial aos dias de hoje, a gente saca a existência de uma evidente separação quanto ao espaço físico ocupado por dominadores e dominados. O lugar natural do grupo branco dominante são moradias amplas, espaçosas, situadas nos mais belos recantos da cidade ou do campo e devidamente protegidas por diferentes tipos de policiamento: desde os antigos feitores, capitães do mato, capangas etc. até a polícia formalmente constituída. Desde a casa-grande e do sobrado, até os belos edifícios e residências atuais, o critério tem sido sempre o mesmo. Já o lugar natural do negro é o oposto, evidentemente. Da senzala às favelas, cortiços, porões, invasões, alagados e conjuntos "habitacionais" (cujos modelos são os guetos dos países desenvolvidos) dos dias de hoje, o critério também tem sido simetricamente o mesmo: a divisão racial do espaço.

No caso do grupo dominado, o que se constata são famílias inteiras amontoadas em cubículos, cujas condições de higiene e saúde são as mais precárias. Além disso, aqui também se tem a presença policial, só que não é para proteger, mas para reprimir, violentar e amedrontar. É por aí que se entende que o outro lugar natural do negro sejam as prisões e os hospícios. A sistemática repressão policial, dado o seu caráter racista (segundo a polícia, todo crioulo é marginal até que se prove o contrário), tem por objetivo próximo a imposição de uma submissão psicológica através do medo. A longo prazo, o que se pretende é o impedimento de qualquer forma de unidade e organização do grupo dominado, mediante a utilização de todos os meios que perpetuem sua divisão interna. Enquanto isso o discurso dominante

O golpe de 1964, o novo modelo econômico e a população negra 23

justifica a atuação desse aparelho repressivo falando em ordem e segurança sociais.

A partir daí, o sistema se beneficia com a manutenção de tais condições, na medida em que, desse modo, conserva à sua disposição a mão de obra mais barata possível. Isso porque a comunidade negra nada mais é do que mão de obra de reserva, utilizável segundo as necessidades do sistema. Ou seja, além dos aspectos acima assinalados, a estratégia também se exerce de maneira a favorecer os patrões, mediante a repressão policial (que exige dos negros, como documento, a apresentação da carteira profissional). Pressionado pela polícia, de um lado, e pelas péssimas condições de vida, do outro, o negro oferece a sua força de trabalho por qualquer preço no mercado de trabalho.

A Baixada Fluminense, nesse sentido, apresenta-se como exemplo privilegiado. Seu crescimento populacional (a "inchação" de que falamos) gerou suas cidades-dormitórios e, em pouco tempo, levou-a a ocupar as manchetes do noticiário policial; foi transformada em área preferencial da ação dos esquadrões da morte e congêneres. Seus habitantes logo se acostumaram a um novo componente da paisagem: os "presuntos" (cadáveres) "desovados" pelos "justiceiros" da nova ordem. Vale notar que 70% desses "justiçados" eram negros. Discriminação racial? Era proibido falar dessas coisas naqueles anos de "milagre", uma vez que se estaria ferindo a Lei de Segurança Nacional por crime de subversão.

Enquanto isso, os novos setores da classe média funcionavam como suporte ideológico do "milagre". Era a grande euforia do "Ninguém segura este país": eletrodomésticos, carro do ano, TV em cores, Copa de 70, *Irmãos Coragem*, compra de apartamento, de casa na praia, na montanha, disso, daquilo e muito mais. E a turma "tava que tava", muito orgulhosa de si e de seu país. Portanto, nada mais natural do que a gente ver, nos plásticos dos automóveis, expressões tais como "Brasil: Ame-o ou deixe-o". Propaganda e publicidade firmes em cima, fazendo a cabeça; muito riso, muito brilho, muita assepsia, muito perfume. Muita festa, grandes carnavais... Enquanto isso, dos subterrâneos do regime emanavam odores pestilenciais, acompanhados de choro e ranger de dentes. Curioso que provenientes de jovens dessa mesma classe média.

Sabemos que as contradições internas do modelo vigente, aliadas à crise do petróleo, acabaram por desmascarar o "milagre". Não foi por acaso que o governo Geisel iniciou-se sob o signo da distensão. E também não foi por acaso que diferentes setores da sociedade civil começaram a desencadear seu processo de contestação ao regime durante aquele governo. Foram os estudantes que deram o alerta geral em termos de movimentos e conquistas populares...

Movimento ou movimentos negros?

NA VERDADE, falar do movimento negro implica tratar de um tema cuja complexidade, dada a multiplicidade de suas variantes, não permite uma visão unitária. Afinal, nós, negros, não constituímos um bloco monolítico, de características rígidas e imutáveis. Os diferentes valores culturais trazidos pelos povos africanos que para cá vieram — iorubás ou nagôs, daomeanos, malês ou muçulmanos, angolanos, congoleses, ganenses, moçambicanos etc. —, apesar da redução à "igualdade", imposta pela escravidão, já nos levam a pensar em diversidade. Além disso, os quilombos, enquanto formações sociais alternativas, o movimento revolucionário dos malês, as irmandades (tipo Nossa Senhora do Rosário e São Benedito dos Homens Pretos), as sociedades de ajuda (como a Sociedade dos Desvalidos de Salvador), o candomblé, a participação em movimentos populares etc. constituíram-se em diferentes tipos de resposta ao regime escravista. Por outro lado, que se pense nos ciclos da economia e seus deslocamentos (não só da população escrava, mas dos centros de decisão política), assim como nas diferenças regionais que daí resultaram. Que se pense no advento da sociedade burguesa e das relações capitalistas, com seus abolicionismos e republicanismos. E que não se deixe de pensar, sobretudo, no caráter autoritário e racista da sociedade brasileira em geral, assim como nos diferentes meios que ela tem utilizado para concretizá-lo. Agora, se a gente junta tudo isso (e muito mais), uma pergunta se coloca: será que dá para falar *do* movimento negro?

É claro que, se a gente adota a perspectiva acima delineada, não dá. Como não daria pra falar *do* movimento de mulheres, por exemplo. No entanto, a gente fala. Exatamente porque está apontando para aquilo que os diferencia de todos os outros movimentos; ou seja, a sua especificidade. Só que nesse movimento, cuja especificidade é o significante *negro*, existem divergências, mais ou menos fundas, quanto ao modo de articulação dessa especificidade. Deve o negro assimilar e reproduzir tudo o que é euro-branco? Ou só transar o que é afronegro? Ou somar os dois? Ou ter uma visão crítica de ambos? Deve o negro lutar pra vencer na vida através do seu esforço pessoal para, desse modo, provar que é tão capaz quanto o branco? Ou lutar com e pelo conjunto da população negra? Juntamente com não negros também oprimidos? Ou não? Por um espaço

Movimento ou movimentos negros?

nesta sociedade? Ou pela transformação da mesma? Etc. etc. e tal... Os diferentes tipos de resposta a essas questões, e a muitas outras, acabam por levar a gente a falar de movimentos negros... no movimento negro. Pois é.

O que fica claro, a partir dessas considerações, é que este texto reflete uma escolha, que é aquela que estou fazendo. Consequentemente, ele apenas designará alguns traços que considero importantes para a compreensão do movimento negro. E o enfoque adotado não deixa de explicitar a perspectiva de um movimento negro: o Movimento Negro Unificado, o MNU. O que se segue é resultante de leituras, papos, algumas escritazinhas próprias, alguma prática, assim como da entrevista que fiz com três companheiros: Hamilton (MNU/SP), Astrô (MNU/RJ) e Paulo Roberto (Instituto de Pesquisa das Culturas Negras, IPCN, do Rio).[*]

---

[*] Lélia Gonzalez se refere a Hamilton Cardoso, Astrogildo Esteves Filho e Paulo Roberto dos Santos. Salvo indicação em contrário, todas as notas de rodapé são da presente edição.

Experiências e tentativas

No período que se seguiu à abolição, o negro buscou organizar-se em associações que nós, de um modo geral, nos habituamos a chamar de entidades. Hamilton Cardoso assim as caracteriza:

> Elas são consequências diretas de uma confluência entre o movimento abolicionista, as sociedades de ajuda e a alforria e os agrupamentos culturais negros. Seu papel é o de legitimar a existência do negro dentro da sociedade, diante da legislação. Elas reúnem os negros oficialmente, de forma independente, para praticar o lazer e suas culturas específicas. Escondem no seu interior pequenas organizações familiares de ajuda e solidariedade, para o desenvolvimento social. Reproduzem, em muitas de suas atividades sociais, os sistemas dominantes de organização social. [...] Um dos exemplos é o Clube Floresta Aurora, do Rio Grande do Sul, estado de baixo índice de negros, mas de tradição militante no movimento negro.

Dependendo do tipo de atividade desenvolvida, podemos considerá-las como entidades negras ou *recreativas* com "perspectivas e anseios ideológicos elitistas", ou *culturais de massa* (afoxés, cordões, maracatus, ranchos e, posteriormente, blocos e escolas de samba). Estas últimas, justamente por mobilizarem as massas, a nosso ver sempre foram objeto de grande controle por parte das "autoridades". Que se atente para a significação do "pedir passagem" dos abre-alas dos blocos e escolas de samba. Na verdade, elas sempre tiveram que se submeter às regras impostas por tais "autoridades". Afinal, qualquer aglomeração de negros sempre é encarada como caso de polícia (um exemplo bem próximo de nós refere-se a um famoso bloco negro de Salvador, o Apaches; que se consultem os anais daquela cidade para se ter uma ideia da violência e da perseguição policial de que foi objeto, a ponto de ter sido completamente domesticado). Não esqueçamos, por exemplo, que os templos das religiões afro-brasileiras, como o candomblé, tinham que se registrar na polícia para poderem funcionar legalmente... De qualquer modo, as entidades culturais de massa têm sido de grande importância, na medida em que, ao transarem o cultural, possibilitaram ao mesmo tempo o exercício de uma prática política, preparadora do advento dos movimentos negros de caráter ideológico.

Experiências e tentativas 31

Em suma, esses dois tipos de entidades negras remetem-nos para dois tipos de escolha: o assimilacionismo e a prática cultural. O primeiro grande movimento ideológico pós-abolição, a Frente Negra Brasileira (1931-8), buscou sintetizar ambas as práticas, na medida em que atraiu os dois tipos de entidade para o seu seio. Por aí, dá para entender também o sucesso de sua mobilização. Afinal, ela conseguiu trazer milhares de negros para os seus quadros. Precedida pelo trabalho de uma imprensa negra cada vez mais militante, a FNB surgiu exatamente no grande centro econômico do país, que era e é São Paulo. Mais exatamente, na cidade de São Paulo, estendendo-se para outros municípios do interior. Com isso estamos querendo ressaltar o seu caráter eminentemente urbano, uma vez que é o negro da cidade que, mais exposto às pressões do sistema dominante, aprofunda sua consciência racial.

Por outro lado, a industrialização e a modernização, que se dão a partir de São Paulo para o resto do país, farão com que a organização política do negro encontre ali suas forças de expressão mais avançadas. É em São Paulo que se inicia o processo de integração do negro na sociedade capitalista, sobretudo nos anos 1930, quando a imigração europeia é interrompida pelo governo Vargas. É por aí, também, que se compreende por que a FNB constituiu-se num dos setores mais atrasados do operariado paulista (embora, a partir de um racha interno, a Frente Negra Socialista lhe fizesse oposição). Após o seu fechamento enquanto partido político, em 1937, os rachas internos acentuam-se e ela não ultrapassará o ano de 1938. O Estado Novo, com o seu "Trabalhadores do Brasil", não deixará de sensibilizar a comunidade negra, grandemente beneficiada por sua legislação trabalhista. De qualquer modo, a FNB é um marco dos mais importantes no projeto de organização política do negro brasileiro.

As entidades culturais, organizadas no mesmo estilo das recreativas, mas que se propõem a um melhor conhecimento ou a uma prática cultural mais politizada, encontrarão sua melhor expressão no período pós-Estado Novo. Nesse sentido, o grupo que trabalhava no mais importante órgão da imprensa negra, *O Clarim da Alvorada*, e criador da Frente Negra Socialista há pouco citada, reestruturou suas atividades através do Clube Negro de Cultura Social.

O período que se estendeu de 1945 a 1948 caracterizou-se, portanto, pela intensificação das agitações intelectuais e políticas dessas entidades que, agora, tratavam da redefinição e da implantação definitiva das reivindicações da comunidade negra. O Teatro Experimental do Negro (TEN), no Rio de Janeiro, foi a mais alta expressão desse tipo de entidade. Sua posição crítica em face do racismo e de suas práticas, seu trabalho concreto de alfabetização, informação, formação de atores e criação de peças que apontam para a questão racial, significou um grande avanço no pro-

Experiências e tentativas 33

cesso de organização da comunidade. O TEN inaugurou um importante processo que se estenderia pelos anos 1970 até os dias atuais (apesar do autoexílio do seu fundador Abdias do Nascimento, nos Estados Unidos, a partir de 1968). Estamos falando do teatro negro que, nos anos 1970, por exemplo, teve no Grupo Evolução de Campinas uma das suas expressões mais qualificadas, no sentido de efetuar um trabalho cultural numa perspectiva política.

Vale notar que é também a partir do período 1945-8 em diante que vamos encontrar a presença de representantes dos setores progressistas brancos junto às entidades negras, efetivando um tipo de aliança que se prolongaria, de maneira mais ou menos constante, até os dias atuais. E nesse ponto a gente se pergunta sobre a importância do papel desempenhado pelo TEN para além dos limites da comunidade negra. Estamos nos referindo ao movimento de renovação do teatro brasileiro, a partir dos anos 1950. Além disso, não se pode deixar de recordar que não foi por acaso que um Florestan Fernandes, por exemplo, iniciou suas pesquisas sobre o negro nesse período.

Ao lado do teatro negro, a poesia também foi uma das mais vigorosas expressões das elites negras daquela fase, que, sem perda de continuidade, marcou as novas gerações. Solano Trindade de certo modo sintetiza esses dois aspectos, tanto pela criação do seu Teatro Popular, quanto por sua extraordinária produção poética. Afirmação de identidade cultural e denúncia da exploração dos oprimidos constituíram a temática da poesia revolucionária de Solano. O movimento poético negro dos dias de hoje não perde de vista a perspectiva de que racismo e exploração socioeconômica estão muito bem articulados quando se trata de limitar e reprimir a comunidade negra. Vejamos o que nos diz esse verdadeiro manifesto que é a apresentação dos *Cadernos Negros*,[*] em sua edição de lançamento, datada de 25 de novembro de 1978:

A África está se libertando! Já dizia Bélsiva, um dos nossos velhos poetas. E nós, brasileiros de origem africana, como estamos?

Estamos no limiar de um novo tempo. Tempo de África-vida nova, mais justa e mais livre, e, inspirados por ela, renascemos arrancando as máscaras brancas, pondo fim à imitação. Descobrimos a lavagem cerebral que nos poluía e estamos assumindo nossa negrura bela e forte. Estamos limpando nosso espírito das ideias que nos enfraquecem e que só servem aos que nos querem dominar e explorar.

Cadernos Negros marca passos decisivos para nossa valorização e resulta de nossa vigilância contra as ideias que nos

---

[*] Criada por um grupo de jovens negros e negras dedicado à literatura, a publicação de *Cadernos Negros* teve início em 1978, em São Paulo, no Centro de Cultura e Arte Negra (Cecan). Tornou-se uma importante referência da literatura afro-brasileira.

Experiências e tentativas

confundem, nos enfraquecem e nos sufocam. As diferenças de estilo, concepções de literatura, forma, nada disso pode mais ser um muro erguido entre aqueles que encontraram na poesia um meio de expressão negra. Aqui se trata de legítima defesa dos valores do povo negro. A poesia como verdade, testemunha do nosso tempo.

Neste 1978, noventa anos pós-abolição — esse conto do vigário que nos prepararam —, brotaram novas iniciativas de conscientização, e *Cadernos Negros* surge como mais um sinal desse tempo de África-consciência e ação para uma vida melhor; e, neste sentido, fazemos da negritude, aqui posta em poesia, parte da luta contra a exploração social em todos os níveis, na qual somos os mais atingidos.

Cadernos Negros é a viva imagem da África em nosso continente. É a Diáspora Negra dizendo que sobreviveu e sobreviverá, superando as cicatrizes que assinalam sua dramática trajetória, trazendo em suas mãos o livro.

Essa coletânea reúne oito poetas, a maioria deles da geração que durante os anos 1960 descobriu suas raízes negras. Mas o trabalho para a consciência negra vem de muito antes; por isso, *Cadernos Negros 1* reúne também irmãos que estão na luta há muito tempo. Hoje nos juntamos como companheiros nesse trabalho de levar adiante as sementes da consciência para a verdadeira democracia racial.

os autores

Ecoam nesse texto sonoridades que nos remetem às vozes de um Frantz Fanon, de um Agostinho Neto, de um Amílcar Cabral, de um Malcolm X, de um Solano, de um Abdias e de tudo o que eles representam. Vivia-se, naquele tempo, a recente criação do Movimento Negro Unificado Contra a Discriminação Racial.

Além da contribuição das entidades culturais, vale ressaltar que as entidades negras de massa, apesar de todas as tentativas de manipulação por parte do Estado Novo, continuaram seu projeto de resistência cultural. E se nos remetemos às escolas de samba, por exemplo, constatamos que sua produção não deixava de expressar a resposta crítica da comunidade negra em face dos dominadores. À guisa de exemplo, vale recordar o que Candeia e Isnard nos contam a respeito do desfile de 1940 da Portela, cujo enredo era "Homenagem à Justiça"; como o samba de Paulo da Portela não foi bem ensaiado, "os componentes mudaram o sentido das palavras trocando 'Salve a Justiça' por 'Pau na Justiça'".[1] Esse ato falho diz-nos muito mais sobre o que sentia e pensava a comunidade do que todos os temas de enredo que pintaram durante e depois do Estado Novo. Segundo os mesmos autores, foi a partir de 1955 que elementos da classe média branca passaram a frequentar as escolas de samba. Como já vimos anteriormente, tratar-se-ia de representantes dos setores progres-

Experiências e tentativas 37

sistas brancos. Daí para os anos 1960, começaria uma série de mudanças nas condições materiais de vida da população negra, como já vimos (deslocamento do campo para a cidade etc.).

O golpe de 1964 implicaria a desarticulação das elites intelectuais negras, de um lado, e o processo de integração das entidades de massa numa perspectiva capitalista, de outro. As escolas de samba, por exemplo, cada vez mais, vão se transformando em empresas da indústria turística. Os antigos mestres de um artesanato negro, que antes dirigiam as atividades nos barracões das escolas, foram sendo substituídos por artistas plásticos, cenógrafos, figurinistas etc. e tal. O cargo de presidente de ala transformou-se numa profissão lucrativa com a venda de fantasias. Os sambas foram simplificados em sua estrutura, objetivando não só o fato de serem facilmente aprendidos como o de poderem ser gravados num mesmo disco. Os "nêgo véio" da Comissão de Frente foram substituídos por mulatas rebolativas e tesudas. Os desfiles transformaram-se em espetáculos tipo teatro de revista, sob a direção de uma nova figura: o carnavalesco. Levantaram-se arquibancadas para ricos, pobres e remediados, autoridades e povo, nacionais e estrangeiros, com a venda de ingressos nos respectivos preços. Tudo isso com a presença de jornalistas, fotógrafos, cinegrafistas e câmeras de TV durante os desfiles. Estes, por sua vez, passaram a se dar segundo novas regras e horários rigorosos. Afinal, tempo é dinheiro...

O regime militar não deixou de se beneficiar por aí, também. Retomando o populismo inaugurado por Vargas, iria aplicá-lo ao seu estilo proporcionando estímulo a novas escolas (quanto ao primeiro grupo) ou reforçando as mais antigas. Na verdade, ele sacou a importância das formas organizativas encontradas pela comunidade negra enquanto entregue à própria sorte (o texto de Candeia e Isnard nos dá um bom exemplo disso),[2] e mandou ver. Quem não se lembra do primeiro desfile da Beija-Flor no primeiro grupo? Seu samba-enredo era uma exaltação aos efeitos da "revolução" de 1964: "Tem o PIS, o Pasep e também Funrural/ Levando ao homem do campo a segurança total". Não haveria muita diferença entre esse enredo e aquele da Portela em 1941 ("Dez anos de glória", em homenagem à Revolução de 1930), ou ainda aquele outro da mesma Portela em 1951 ("A volta do filho pródigo", em homenagem ao retorno de Vargas ao poder); mas existe uma diferença, de caráter qualitativo. O crescimento da população negra, sua maior concentração urbana, as relações capitalistas em todos os níveis, a indústria cultural/cultura de massas, o maior controle, mas também uma nova consciência quanto à exploração econômica...

A retomada político-ideológica

DISSEMOS QUE AS ELITES INTELECTUAIS NEGRAS foram desarticuladas pelo golpe de 1964. De fato. O autoexílio de Abdias do Nascimento, enquanto figura das mais representativas, se não a mais, de todo um trabalho desenvolvido na fase anterior, confirma o que dissemos. Sem nunca abandonar sua militância, ele iria enriquecê-la no exterior, continuando sua denúncia do racismo brasileiro (nesse sentido, vale não esquecer que suas acaloradas discussões com exilados brasileiros muito contribuíram para que estes, além de outras experiências vividas lá fora, retornassem ao Brasil com um novo entendimento da questão negra). Enquanto isso, por aqui, a repressão desmobilizou as lideranças negras, lançando-as numa espécie de semiclandestinidade isolada das organizações propriamente clandestinas (sabemos hoje que foi pequeno o número de negros participantes dessas organizações; principalmente no que se refere aos que militavam no movimento negro). A turma só se encontrava socialmente para biritar e falar de generalidades. Mas a negadinha jovem começou a atentar para certos acontecimentos de caráter internacional: a luta pelos direitos civis nos Estados Unidos e as guerras de libertação dos povos negro-africanos de língua portuguesa. Vejamos o que nos diz um dos nossos irmãos, companheiro de luta:

> Eu lia no jornal [sobre as guerras] de libertação dos países africanos, e muita coisa que acompanhei também do movimento dos negros nos Estados Unidos. Uma coisa que me chamou muito a atenção, no início dos anos 1970, fim de 1968, foi o livro do Cleaver, *Alma no exílio*. A primeira vez que ouvi falar desse livro foi em 1968; eu o li naquela época e andava sempre com esse livro; e esse livro, para mim, era o meu cartão de visitas nos lugares em que chegava. Então, eu uma vez, eu me surpreendi que eu começava a falar nisso com alguns negros, algumas pessoas que... elas não tinham as mínimas preocupações. Então a minha experiência pessoal começa por aí, quer dizer, a partir daí, pelo meu próprio interesse eu começava a ir em alguns lugares, conhecia dois ou três, a gente acabou se juntando e num certo momento, uma certa comunidade de pessoas que estavam interessadas na questão racial do negro [...]. Aí, me surpreendi porque fui conhecendo pessoas que eu nunca imaginava que o cara tivesse aquilo na cabeça,

mas ele também não tinha com quem falar; então, era incrível quando a gente se encontrava.

E é no início dos anos 1970 que vamos ter a retomada do teatro negro pela turma do Centro de Cultura e Arte Negra (Cecan), em São Paulo, o alerta geral do Grupo Palmares, do Rio Grande do Sul, para o deslocamento das comemorações do Treze de Maio para o Vinte de Novembro etc. No Rio de Janeiro, enquanto isso, ocorria um fenômeno novo, efetuado pela massa de negros anônimos. Era a comunidade negra jovem, dando sua resposta aos mecanismos de exclusão que o sistema lhe impunha. Estamos falando do movimento soul, depois batizado de Black Rio. Vejamos o depoimento de alguém que dele participou:

Embora já chegasse alguma coisa no Brasil, através dos meios de comunicação de massa, só foi entendido como coisa negra a partir de 1971, por aí. Nessa época, eu andava muito pelo subúrbio e já havia esse tipo de baile. Ainda não era exatamente como ele apareceu para o grande público, mas já era o embrião. Eram bailes que tocavam muito James Brown, por exemplo. Um negócio que o pessoal curtia muito e tinha mais ou menos a mesma estrutura. Parece que surgiu a partir dos discotecários Big Boy e Ademir, que promoviam, nos subúrbios, bailes e concursos de dança. E o pessoal conseguia dançar bem. Isto, aliás, é um dado importante: quem dança bem o soul, dança bem o samba [...]. De repente, o pessoal percebeu: "Bom, se o Big Boy pode fazer a equipe dele, eu também posso me especializar nisso, ganhar dinheiro etc.". Começam, então, a surgir equipes de negros. [...] Realmente há um dado de alienação, há esse aspecto de fantasia, que faz parte da coisa toda. Mas, ao mesmo tempo que existe esse dado, existe também um fator importante, que é o da aglutinação. [...] No momento em que se pode perceber que "já que eu posso me unir para fazer isso, eu posso me unir para fazer uma coisa mais positiva", isso se torna importante. É claro que nem todo mundo faz essa passagem.[3]

Interessante notar que o soul foi um dos berços do movimento negro do Rio, uma vez que a moçada que ia aos bailes não era apenas constituída de trabalhadores, mas de estudantes secundários e universitários também. O fato é que a negrada jovem da Zona Norte e da Zona Sul começou a se cruzar nesses bailes, que reuniam milhares de pessoas, todas negras. O fenômeno também se estenderia para São Paulo; e se a gente pega um dos números do *Jornegro*[4] e lê a entrevista da negadinha (dezoito a vinte anos), a gente vê uma coisa, e isto é essencial: ela não é alienada; todos afirmam, porque o vivenciam no seu cotidiano, a existência do racismo e de suas práticas. Vale notar que a reação do "grande público"

A retomada político-ideológica 43

em face do soul foi de surpresa e temor (mas a polícia sempre esteve lá para garantir a "ordem"); enquanto isso, a intelectualidade progressista acusava-o de alienação, dizendo que crioulo tinha mais é que dançar samba...

Ainda segundo Carlos Alberto Medeiros, o Renascença Clube inaugurou seus bailes-soul com as famosas Noites do Shaft, ponto de encontro da turma que articulou o movimento negro no Rio. Nesse mesmo ano, 1974, o Centro de Estudos Afro-Asiáticos e a Sociedade de Estudos da Cultura Negra no Brasil (SECNEB, de Salvador), com a colaboração do Museu de Arte Moderna do Rio de Janeiro, realizaram as Semanas Afro-Brasileiras, no período que se estendeu de 30 de maio a 23 de junho, com exposição de arte afro-brasileira, experiências de danças rituais nagô, de música sacra, popular e erudita afro-brasileira. Tudo isso acompanhado de seminários e palestras, com a presença de 6 mil pessoas, vindas de diferentes bairros e camadas sociais do Rio.[5] A exposição de arte sacra (objetos litúrgicos segundo modelos tradicionais nagô-iorubá), recriação de símbolos e arte popular, foi organizada por Juana Elbein dos Santos e Mestre Didi (o assogbá Deoscóredes Maximiliano dos Santos, do Axé Opô Afonjá, de Salvador). Antes de chegar ao Brasil, ela fora apresentada em Lagos, Acra e Dacar, na África, assim como em Paris, Londres e Buenos Aires. As Semanas foram decisivas para o movimento negro carioca.

Vale aqui um pequeno comentário. Interessante que o movimento negro do Rio teve duas fontes de origem: de um lado, a comunidade negra, dando ciência de como recebeu os efeitos do movimento negro norte-americano; do outro, uma iniciativa oficial, acadêmica, transada não em termos de "Oropa, França e Bahia", mas, ao contrário, via "Bahia, África e Oropa", e com muito axé em cima. Pois é...

A partir das Semanas, a "tiurma" entrou em contato com o Afro-Asiático, e passou a se reunir em suas dependências. Durante o decorrer da semana, encontravam-se duas vezes para preparar dois tipos de texto: um com o noticiário a respeito de atos de discriminação e outro relativo ao período pré-colonial na África. Aos sábados, reunião geral para discutir os textos, na base da dinâmica de grupo. No domingo, estava todo mundo na Noite do Shaft no Renascença. A cada reunião o grupo crescia.

Chegou um ponto em que as mulheres passaram a se reunir separadamente para, depois, todos se reunirem numa sala maior, onde se discutiam os problemas comuns. É claro que pintou machismo e paternalismo, mas também solidariedade e entendimento. O atraso de alguns manifestou-se num tipo de moralismo calvinista e machista, que caracterizava o quanto se sentiam ameaçados pela capacidade e sensibilidade das companheiras mais brilhantes; em seus comentários, falavam de mal-amadas e coisas que tais, baixaria mesmo. Desnecessário dizer que suas esposas ou companheiras nunca participaram de tais reuniões, na medida em que ficavam em casa cuidando das crianças, da casa etc., o que é sintomático. De um modo geral, esses machões eram de uma geração mais velha, porque os mais jovens cresceram junto com suas irmãs de luta. Aliás, vale notar que não existe coisa mais homossexual, e no pior sentido, porque não conscientizado e assumido, do que o ressentimento sectário dos machistas. De qualquer modo, o avanço das mulheres negras, dentro do movimento negro carioca, marcaria sua diferença com relação a outras regiões (onde, hoje, o quadro é diferente, apesar dos pesares). No ano seguinte, em 2 de julho de 1975, num encontro de mulheres realizado na Associação Brasileira de Imprensa,* lá estavam aquelas jovens e valentes negras, marcando sua posição num importante documento, em que diziam:

O destino da mulher negra no continente americano, assim como o de todas as suas irmãs da mesma raça, tem sido, desde

---

* Trata-se do evento "O papel e o comportamento da mulher na realidade brasileira", patrocinado pelo Centro de Informação da ONU, realizado entre 30 de junho e 2 de julho de 1975, na sede da ABI, no Rio de Janeiro.

a sua chegada, ser uma coisa, um objeto de produção ou de reprodução sexual. Assim, a mulher negra brasileira recebeu uma herança cruel: ser não apenas o objeto de produção (assim como o homem negro também o era), mas, mais ainda, ser um objeto de prazer para os colonizadores. O fruto dessa covarde procriação é o que agora é aclamado como o único produto nacional que não pode ser exportado: a mulher mulata brasileira. Mas, se a qualidade desse "produto" é tida como alta, o tratamento que ela recebe é extremamente degradante, sujo e desrespeitoso.

Foi a partir da convivência com essas irmãs, já no Movimento Negro Unificado, que passei a me preocupar com e trabalhar sobre a nossa própria especificidade. E nesse trabalho tem dado pra sacar, por exemplo, que, pelo fato de não ser educada para se casar com um "príncipe encantado", mas para o trabalho (por razões históricas e socioeconômicas concretas), a mulher negra não faz o gênero submissa. Sua prática cotidiana faz dela alguém que tem consciência de que lhe cabe batalhar pelo "leite das crianças" (como ouvimos de uma "mulata do Sargentelli"), sem contar muito com o companheiro (desemprego, violência policial e outros efeitos do racismo e também do sexismo). De fato, as últimas pesquisas efetuadas demonstram que, em matéria de mulher chefe de família, a mulher negra taí

A retomada político-ideológica

para conferir. (É por aí também que dá pra sacar uma das razões pelas quais os negros que "subiram na vida" preferem se casar com mulheres brancas; são mais submissas, também por razões historicamente analisáveis. Mas isso é papo pra outros escritos.) Se a gente junta a essa prática uma consciência política, dá para entender por que não só nossos irmãos mas determinados setores do movimento de mulheres ficaram chocados com a nossa autonomia e a agressividade de mulheres negras. Aliás, é importante ressaltar que agressividade aqui significa "chamar a si", ou seja, "chamar às falas". Pois é... Mas, voltemos às reuniões do Afro-Asiático.

Dizíamos que o grupo crescia. Sobretudo no aprofundamento do nível político das discussões. Nesse momento, setembro de 1974, o grupo transformou-se em entidade, a Sociedade de Intercâmbio Brasil-África (Sinba). Meses depois, surgiu um racha em função de divergências quanto ao método e a onde desenvolver um trabalho concreto. O grupo dissidente, que saiu, preferia desenvolver um trabalho na Zona Sul, enquanto o pessoal da Sinba defendia a tese de que se deveria partir para a Zona Norte. Vejamos o que nos diz Paulo Roberto a esse respeito:

Esse pessoal que ficou pro lado da Zona Sul acabou se encontrando com outro grupo, meio elitizado, de Zona Sul que eram os famosos atores da TV Globo; não eram todos atores mas havia um grande número de atores que se reunia — negros, todos negros — que se reunia na Zona Sul (acrescentando que alguns elementos eram profissionais liberais, também da Zona Sul), no apartamento de algumas pessoas. E nós acabamos encontrando esse grupo no Teatro Opinião. Exatamente por causa de um problema que tinha pintado na Rede Globo, por ocasião daquela novela, *Gabriela*, onde a Vera Manhães, mulher do Antônio Pitanga [...], que seria escolhida para o papel, foi preterida em função da Sônia Braga. Então, o pessoal ficou pê da vida e [...] o grupo todo se encontrou e houve uma série de reuniões lá no Teatro Opinião. E acabou surgindo daí o IPCN, Instituto de Pesquisa das Culturas Negras, que, eu particularmente acho, foi um eufemismo que encontramos [...] para criar uma entidade que procurasse não só trabalhar a nível cultural, mas que pudesse ser uma entidade de mobilização política do negro. Mas acabou tendo, no seu início, não uma ação política, mas um trabalho principalmente culturalista. Acho que um grupo que tinha poder econômico dentro da entidade e que, de certa maneira, era maioria na diretoria, esse grupo, consequentemente, poderia dirigir objetivamente a entidade porque, como todos sabemos, algumas providências a nível organizacional dependem da estrutura financeira para poder funcionar. Então esse grupo, pelo simples fato de ter dinheiro, de poder

A retomada político-ideológica 49

manipular seus talões de cheques, impôs algumas tarefas de caráter extremamente culturalista, que nos atrapalharam para cacete no Rio de Janeiro. E essas tarefas foram o quê? Por exemplo, promover shows, showzinho do artista Fulano de Tal aqui, teatrinho ali; sabe? Esse tipo de coisa foi muito negativo para a entidade. Num certo aspecto, a gente teve um desgaste político; não um desgaste a nível da comunidade porque, até pelo contrário, a gente andou muito pela Zona Norte naquela época. Lembro que nós fomos a vários bairros, àqueles conjuntos habitacionais; e, a partir da nossa presença nesses lugares, muitos grupos foram criados na periferia. E esses grupos, na sua grande maioria, tornaram-se grupos de teatro ou de dança. Mas houve um desgaste político muito grande nessa época, por conta desse grupo que o *segurou* [ao IPCN] ideologicamente por muitos anos.

De qualquer modo, o trabalho desenvolvido pelos elementos mais coerentes do IPCN em seus "circuitos itinerantes", resultaria, em 1976, na criação de uma outra entidade: o Centro de Estudos Brasil-África (Ceba), localizado em São Gonçalo. Ainda em 1975, em novembro, a questão negra passava a ser formalmente discutida na universidade: o Grupo de Trabalho André Rebouças (GTAR) realizava sua primeira Semana de Estudos Sobre o Negro na Formação Social Brasileira, na Universidade Federal Fluminense, reunindo professores e pesquisadores nas mais diferentes áreas, especialistas na questão negra. A 8 de dezembro desse mesmo ano, um grupo de compositores, sambistas, pessoas ligadas ao samba e sob a liderança de Antônio Candeia Filho, fundavam o Grêmio Recreativo de Arte Negra e Escola de Samba Quilombo. Oito de dezembro, dia de Oxum, a deusa das águas doces... Reproduzamos aqui as diretrizes básicas dessa agremiação, que não se pretende apenas uma escola de samba, mas um centro de cultura negra:

Estou chegando...

Venho com fé. Respeito mitos e tradições. Trago um canto negro. Busco a liberdade. Não admito moldes. As forças contrárias são muitas. Não faz mal...

Meus pés estão no chão. Tenho certeza da vitória. Minhas portas estão abertas. Entre com cuidado. Aqui todos podem colaborar. Ninguém pode imperar. Teorias, deixo de lado. Dou vazão à riqueza de um mundo ideal. A sabedoria é meu sustentáculo. O amor é meu princípio. A imaginação é minha bandeira.

Não sou radical. Pretendo, apenas, salvaguardar o que resta de uma cultura. Gritarei bem alto, explicando um sistema que cala vozes importantes e permite que outras, totalmente alheias, falem quando bem entendam. Sou franco-atirador. Não almejo títulos. Não almejo glórias. Faço questão de não virar academia. Tampouco palácio. Não atribua a meu nome o desgastado sufixo "ão". Nada de forjadas e malfeitas especulações literárias. Deixo os complexos temas à observação dos verdadeiros intelectuais. Eu sou povo. Basta de complicações. Extraio o belo das coisas simples que me seduzem.

Quero sair pelas ruas dos subúrbios com minhas baianas rendadas, sambando sem parar. Com minha comissão de frente digna de respeito. Intimamente ligado às minhas origens.

Artistas plásticos, figurinistas, coreógrafos, departamentos culturais, profissionais, não me incomodem, por favor.

Sintetizo um mundo mágico.

Estou chegando...

Em 1976, eu mesma iniciava o primeiro curso de Cultura Negra no Brasil, na Escola de Artes Visuais (EAV), do Parque Lage, justamente no momento em que, graças à sua nova e jovem direção, aquela instituição se renovava. Reunindo artistas e intelectuais progressistas, cuja produção implicava uma visão crítica da realidade brasileira, a EAV tornou-se o maior espaço cultural do Rio de Janeiro naquele período (tanto que sua desativação foi determinada a partir de Brasília no início de 1979, com o afastamento de sua direção).

Além do curso teórico (que em seguida se articulou com outros dois: um de danças afro-brasileiras e outro de capoeira), que visava a analisar as instituições e os valores culturais negros, assim como sua presença na formação cultural brasileira, o espaço da Escola também foi aberto para a expressão viva de artistas e intelectuais negros. Durante três anos (1976, 1977, 1978), no mês de novembro, realizamos exposições de artistas plásticos, apresentações de grupos de dança e de poesia, exibição de filmes, seminários, lançamentos de livros, espetáculos de música etc. O mais significativo de tudo isso foi o espírito de solidariedade e colaboração não só dos amigos e colegas de EAV (que, juntamente com seus alunos, ajudaram na realização dos eventos), mas dos irmãos e companheiros do Olorum Baba Min, do IPCN, do Ceba, da Sinba, da Zona Norte, da Zona Sul, dos subúrbios, das favelas e até mesmo da África (o cineasta nigeriano Olá Balogum e o cantor angolano Sá Moraes). Em 1978, um dos eventos do que então chamávamos Ciclo do Negro — Homenagem a Zumbi foi um espetáculo de música e poesia para o qual convidamos numerosos cantores, músicos e atores negros. Interessante notar que, dos atores e atrizes convidados para participar, apenas dois atores compareceram e deram sua colaboração; os demais ficaram com medo da "repressão" e nos acusaram de radicais. Exatamente porque, a essas alturas, eram os membros do MNU/RJ que estavam à frente da organização dos eventos. De qualquer forma, o espetáculo

A retomada político-ideológica 53

foi um sucesso, dada a qualidade dos textos e das músicas. Reportamo-nos a esse fato justamente porque nos parece importante uma reflexão sobre um certo tipo de negro que a gente, hoje, chama de jaboticaba (preta por fora, branca por dentro; doce... mas com caroço que não dá pra engolir). Falaremos do jaboticaba mais adiante.

Foi também em 1976 que se iniciaram os contatos entre o Rio e São Paulo, em termos de movimento negro. A turma de São Paulo tomou conhecimento do que se passava por aqui, através do Boletim do IPCN, e, então, pintou por aqui para levar um papo. Esse foi o primeiro encontro de uma série que se realizaria em São Paulo, Rio Claro, São Carlos etc. As discussões se dariam em torno de uma questão fundamental: a criação de um movimento negro de caráter nacional. E foi assim que começaram a ser lançadas as bases do Movimento Negro Unificado Contra a Discriminação Racial, o MNU. Sua criação efetiva, que se daria em junho de 1978 em São Paulo, como veremos em seguida, resultou de todo um trabalho dos setores mais consequentes das entidades cariocas e paulistas, empenhados numa luta política comum. Vale dizer que a fundação do MNU não contou com a participação de nenhuma grande personalidade, mas resultou do esforço de uma negrada anônima, dessas novas lideranças forjadas sob o regime ditatorial militar.

O Movimento Negro Unificado Contra a Discriminação Racial (MNU)

VEJAMOS, através de seu primeiro documento, como se deu a criação do então denominado Movimento Unificado Contra a Discriminação Racial. Trata-se da carta convocatória para o ato público contra o racismo:

Nós, entidades negras, reunidas no Centro de Cultura e Arte Negra no dia 18 de junho, resolvemos criar um movimento no sentido de defender a comunidade afro-brasileira contra a secular exploração racial e desrespeito humano a que a comunidade é submetida.

Não podemos mais calar. A discriminação racial é um fato marcante na sociedade brasileira, que barra o desenvolvimento da comunidade afro-brasileira, destrói a alma do homem negro e sua capacidade de realização como ser humano.

O Movimento Unificado Contra a Discriminação Racial foi criado para que os direitos dos homens negros sejam respeitados. Como primeira atividade, esse movimento realizará um Ato Público contra o Racismo, no dia 7 de julho, às 18h30, no Viaduto do Chá. Seu objetivo será protestar contra os últimos acontecimentos discriminatórios contra negros, amplamente divulgados pela imprensa.

No dia 28 de abril, numa delegacia de Guaianazes, mais um negro foi morto por causa das torturas policiais. Esse negro era Robson Silveira da Luz, trabalhador, casado e pai de filhos. No Clube de Regatas Tietê, quatro garotos foram barrados do time infantil de voleibol pelo fato de serem negros. O diretor do clube deu entrevistas nas quais afirma as suas atitudes racistas, tal a confiança de que não será punido por seu ato.

Nós também sabemos que os processos desses casos não darão em nada. Como todos os outros casos de discriminação racial, serão apenas mais dois processos abafados e arquivados pelas autoridades deste país, embora um dos casos tenha a agravante da tortura e consequente morte de um cidadão.

Mas o Ato Público Contra o Racismo marcará fundo nosso repúdio, e convidamos todos os setores democráticos que lutam contra o desrespeito e as injustiças aos direitos humanos a engrossarem fileiras com a comunidade afro-brasileira nesse ato contra o racismo.

Fazemos um convite especial a todas as entidades negras do país para ampliarem nosso movimento. As entidades negras devem desempenhar o seu papel histórico em defesa da comunidade afro-brasileira; e, lembramos, quem silencia consente.

Não podemos mais aceitar as condições em que vive o homem negro, sendo discriminado da vida social do país, vivendo no desemprego, subemprego e nas favelas. Não podemos mais consentir que o negro sofra as perseguições constantes da polícia sem dar uma resposta.

TODOS AO ATO PÚBLICO CONTRA O RACISMO

TODOS CONTRA A DISCRIMINAÇÃO RACIAL

CONTRA A OPRESSÃO POLICIAL

PELO FORTALECIMENTO E UNIÃO DAS ENTIDADES AFRO-BRASILEIRAS

Assinavam o documento os seguintes grupos e associações: Câmara de Comércio Afro-Brasileira, Centro de Arte e Cultura Negra, Associação Recreativa Brasil Jovem, Afrolatino América, Associação Casa de Arte e Cultura Afro-Brasileira, Associação Cristã Beneficente do Brasil, *Jornegro, Jornal Abertura, Jornal Capoeira*, Company Soul, Zimbabwe Soul. Nas reuniões seguintes, a primeira se retirou e o segundo começou a se atemorizar com a repressão. De qualquer modo, um grupo de membros do Cecan organizou-se com o Centro de Luta Decisão e levou adiante a ideia de realização do Ato Público. Formou-se, então uma comissão que organizaria a manifestação. Ao chegar a ocasião do Ato Público, eram as seguintes as entidades e grupos: Afrolatino América, Decisão, Instituto Brasileiro de Estudos Africanistas, Brasil Jovem, Capoeira, Atletas Negros e ACBB.

Contatos foram estabelecidos com o Rio de Janeiro. Um dos atletas negros do Tietê veio ao nosso encontro para informar sobre os acontecimentos; cabia-nos, agora, mobilizar as entidades negras cariocas. Abdias do Nascimento, que chegara ao Rio alguns dias antes, proveniente dos Estados Unidos, topou logo participar do processo. E não dá para esquecer aquela tarde ensolarada em que a gente se mandou para Coelho Neto, para levar um papo com Candeia sobre a participação da Quilombo no Ato Público. Papo vai, papo vem, ele nos presenteou com o folheto do enredo para o próximo carnaval: "Noventa anos de Abolição". Fora escrito por ele, Candeia, "baseado nas publicações de Edson Carneiro, Lélia Gonzalez, Nina Rodrigues, Arthur Ramos [...], Alípio Goulart"...

Surpresa e emocionada, disse-lhe que ainda não tinha um trabalho publicado digno de ter meu nome ao lado daqueles "cobras" (afinal, um artiguinho aqui, outro acolá, e de tempos em tempos, não significava nada). Ele retrucou, dizendo que sabia muito bem do trabalho que eu vinha realizando "por aí" e que isso era tão importante quanto os livros dos "cobras". E foi aí, então, que me incumbiu de representar a Quilombo no Ato Público: "Não importa o que você diga, eu assino embaixo". Pela primeira vez, para mim, alguém me fazia refletir sobre a responsabilidade que se tem quando se começa um trabalho "por aí"... A 16 de novembro daquele ano, Candeia trocou a sua situação de companheiro de lutas pela de ancestral (ou seja, faleceu, segundo a expressão tradicional). E os já então companheiros da Quilombo me indicaram para resumir e discutir com os membros da ala dos compositores o enredo que ele escrevera. Nei Lopes e Wilson Moreira (essas duas "feras") tiveram o seu samba-enredo escolhido como o melhor, dentre outros muito bons. E, num trecho do samba, eles dizem: "E os quilombolas de hoje em dia/ São *candeia* que nos alumia"...

Além da Quilombo, o Renascença Clube, o Núcleo Negro Socialista, o Ceba e o IPCN foram as associações cariocas que apoiaram o novo movimento e assinaram uma nota conjunta de solidariedade que foi remetida para São Paulo. Enquanto isso, naquela cidade, como vimos, ocorriam as primeiras defecções, determinadas pelo velho temor da repressão e pelo não menos velho temor do comprometimento. Argumentava-se que um ato público era algo de muito sério e, no caso, até mesmo temerário. Felizmente a lucidez e a firmeza dos mais decididos não se abateu diante de tais receios.

Cabe aqui uma referência quanto a uma constatação de caráter pessoal: a oportunidade de poder ter participado de um evento muito importante, a nosso ver, para a consolidação daquele movimento que viria a surgir em São Paulo. A convite do Departamento Cultural da Prefeitura de Salvador, dirigi-me para aquela cidade, na primeira semana de maio, para dar um curso cujo título era: "Noventa anos de abolição: uma reflexão crítica". O entusiasmo dos debates com aquele público eminentemente negro e jovem deu-me a dimensão do que estava ocorrendo com a moçada negra em diferentes pontos do país. Representantes do Grupo Malê, do Centro de Estudos Afro-Brasileiros, assim como de blocos e afoxés de Salvador, lá estavam, discutindo e reivindicando, denunciando e se posicionando contra o racismo. Chegamos a um ponto em que tive que adiar a viagem de retorno ao Rio para que pudéssemos melhor aprofundar as discussões. O resultado desse encontro foi a criação de um novo grupo, constituído por membros dos [grupos] anteriormente citados, assim como pelos que a eles não pertenciam. Mas por que um novo grupo, se já existiam outros? A novidade dele estava no fato de articular de maneira explicitamente política a questão racial. O Grupo Nêgo viria a ser a base a partir da qual o futuro MNU se estenderia a Salvador.

Por aí a gente constata que o Sete de Julho é um marco histórico muito importante para nós, na medida em que se constituiu em ponto de convergência para a manifestação, em praça pública, de todo um clima de contestação às práticas racistas, assim como da determinação de levar adiante a organização política dos negros. Ora, esse clima e essa determinação já haviam pintado em diferentes pontos do país, como já dissemos. Faltava esse Sete de Julho, garantia simbólica de um movimento negro de caráter nacional.

...E estávamos todos lá, nas escadarias do Theatro Municipal de São Paulo. Muita atividade (distribuição da carta aberta à população, colocação de cartazes, faixas etc.), muita alegria, muita emoção. As moções de apoio chegavam e eram lidas com voz forte e segura. A multidão aplaudia. Como aplaudia os discursos que se sucediam. Graças às mensagens de solidariedade de grupos, organizações, entidades negras e brancas, de São Paulo e do Brasil; graças às falações que iam fundo em suas denúncias; graças àquela multidão ali presente (cerca de 2 mil pessoas), negra na maioria (mas muitos brancos também); graças a todo um espírito de luta plurissecular de um povo, a emoção tomava conta da gente, causando uma espécie de vertigem. E um sentimento fundo tomou conta de cada um quando ouvimos a leitura, a 2 mil vozes, da Carta Aberta à População, que assim dizia:

CONTRA O RACISMO

Hoje estamos na rua numa campanha de denúncia!

Campanha contra a discriminação racial, contra a opressão policial, contra o desemprego, o subemprego e a marginalização. Estamos nas ruas para denunciar as péssimas condições de vida da comunidade negra.

Hoje é um dia histórico. Um novo dia começa a surgir para o negro!

Estamos saindo das salas de reuniões, das salas de conferências, e estamos indo para as ruas. Um novo passo foi dado na luta contra o racismo.

Os racistas do Clube de Regatas Tietê que se cubram, pois exigiremos justiça. Os assassinos de negros que se cuidem, pois a eles também exigiremos justiça!

O MOVIMENTO UNIFICADO CONTRA A DISCRIMINAÇÃO RACIAL foi criado para ser um instrumento de luta da comunidade negra. Este movimento deve ter como princípio básico o trabalho de denúncia permanente de todo ato de discriminação racial, a constante organização da comunidade para enfrentarmos todo e qualquer tipo de racismo.

Todos nós sabemos o prejuízo social que causa o racismo. Quando uma pessoa não gosta de um negro é lamentável, mas quando toda uma sociedade assume atitudes racistas frente a um povo inteiro, ou se nega a enfrentar, aí então o resultado é trágico para nós negros:

Pais de família desempregados, filhos desamparados, sem assistência médica, sem condições de proteção familiar, sem escolas e sem futuro. E é esse racismo coletivo, esse racismo institucionalizado que dá origem a todo tipo de violência contra um povo inteiro. É esse racismo institucionalizado que dá segurança para a prática de atos racistas como os que ocorreram no Clube Tietê, como o ato de violência policial que se abateu sobre Robson Silveira da Luz, no 44º Distrito Policial de Guaianazes, onde esse negro, trabalhador, pai de família, foi torturado até a morte. No dia 1º de julho, Nilton Lourenço, mais um negro operário, foi assassinado por um policial no bairro da Lapa, revoltando toda a comunidade e o povo em geral.

Casos como esses são rotina em nosso país que se diz democrático.

E tais acontecimentos deixam mais evidente e reforçam a justiça de nossa luta, nossa necessidade de mobilização.

É necessário buscar formas de organização. É preciso garantir que este movimento seja um forte instrumento de luta permanente da comunidade, onde todos participem de verdade, definindo os caminhos do movimento. Por isso chamamos todos a engrossarem o MOVIMENTO UNIFICADO CONTRA A DISCRIMINAÇÃO RACIAL.

Portanto, propomos a criação de CENTROS DE LUTA DO MOVIMENTO UNIFICADO CONTRA A DISCRIMINAÇÃO RACIAL, nos bairros, nas vilas, nas prisões, nos terreiros de candomblé, nos terreiros de umbanda, nos locais de trabalho, nas escolas de samba, nas igrejas, em todo lugar onde o negro vive; CENTROS DE LUTA que promovam o debate, a informação, a conscientização e organização da comunidade negra, tornando-nos um movimento forte, ativo e combatente, levando o negro a participar em todos os setores da sociedade brasileira.

Convidamos os setores democráticos da sociedade para que nos apoiem, criando [as] condições necessárias para criar uma verdadeira democracia racial.

CONTRA A DISCRIMINAÇÃO RACIAL

CONTRA A OPRESSÃO POLICIAL

PELA AMPLIAÇÃO DO MOVIMENTO

POR UMA AUTÊNTICA DEMOCRACIA RACIAL

Pessoalmente, não poderei esquecer a imagem daquele velho homem negro, que mal podia ler em voz alta o documento acima reproduzido. As lágrimas o impediam de fazê-lo. Marcou-me fundo o seu gesto de enxugá-las na manga do paletó, passando o braço nos olhos...

Dia seguinte, os jornais noticiavam em manchetes de primeira página. E estávamos no nonagésimo ano após a chamada abolição da escravatura.

Retornamos ao Rio, após a assembleia de avaliação do Ato Público. Reunimo-nos, então, para discutir as propos-

O Movimento Negro Unificado Contra a Discriminação Racial 65

tas que levaríamos para a assembleia que se realizaria no dia 23 de julho na capital paulista. Dentre as propostas que levamos, destaco uma: a que sugeria o acréscimo do significante "negro" ao nome do movimento. Daquela data em diante, passamos a ser o Movimento Negro Unificado Contra a Discriminação Racial. Nessa mesma assembleia interestadual (São Paulo e Rio de Janeiro), reunida nas dependências da ACBB, continuaram a pintar as divergências; os setores mais conservadores não deixavam de demonstrar seus receios em face das propostas mais avançadas dos setores progressistas do movimento. Desnecessário dizer que eles começaram a se afastar do projeto com que nos havíamos comprometido. Após calorosas discussões, foi eleita uma comissão provisória que se encarregaria de elaborar o anteprojeto dos documentos básicos do MNUCDR: carta de princípios, estatuto e programa de ação.

Dias depois, seguíamos para Salvador, Abdias e eu, a fim de colocarmos os irmãos daquela cidade a par dos acontecimentos (também eles haviam enviado sua moção de apoio ao ato de 7 de julho). Sua adesão foi imediata, assim como seu compromisso de comparecimento à Assembleia Nacional a ser realizada no Rio de Janeiro. Lá pelos fins de agosto, um grupo de intelectuais negros do Rio e de São Paulo seguiu para Belo Horizonte, a fim de participar da II Semana de Estudos Afro-Brasileiros, organizada pelo Instituto Estadual do Patrimônio Histórico e Artístico de Minas Gerais. Todos, à exceção de um, pertenciam ao MNUCDR e, dentre estes, dois eram membros da comissão provisória. Ao regressarmos, já tínhamos conseguido a adesão de um casal negro, que se encarregou de criar e organizar o movimento naquela cidade. Minas Gerais também se comprometia a comparecer à assembleia no Rio.

Esta última foi realizada nos dias 9, 10 e 11 de setembro, nas dependências do IPCN. Presentes, as delegações de São Paulo, Bahia, Minas Gerais e Espírito Santo, além dos cariocas e fluminenses. Eram cerca de trezentas pessoas que ali estavam para não só discutir e votar os documentos básicos do movimento, mas também eleger a Comissão Executiva Nacional e caracterizar a posição do MNUCDR em face das eleições de 15 de novembro.

As discussões foram prolongadas e cansativas, uma vez que posições diferentes insistiam em defender seus pontos de vista com todas as forças. O grupo fluminense, que já a 23 de julho ameaçara se afastar, retirou-se praticamente nos primeiros momentos em que se iniciavam os trabalhos. Passamos todo o sábado discutindo e votando o estatuto. No domingo, foi a vez da carta de princípios e do programa de ação. O acirramento foi de tal ordem que quase o pau quebrou. Um dos grupos cujas propostas vinham sendo derrotadas retirou-se sob protesto, dado o esquentamento dos ânimos. Mesmo assim, as discussões continuaram no maior entusiasmo. Lá pelas tantas, eram evidentes os sinais de cansaço, resultantes de tanta empolgação, de tanta entrega. Era bonito de ver aquela negada tão cheia de vida, tão ardorosa, mesmo que discordante, empenhando-se inteira naquela assembleia. E o lance mais incrível se deu quando o sono começou a ameaçar o andamento dos trabalhos. Já era alta madrugada de segunda-feira; estávamos todos exaustos, exauridos, mas com uma determinação que teimava em transcender tudo isso. E era um tal de nego cochilando aqui, outro acolá, outro mais adiante, todos insistindo em permanecer no plenário (ainda hoje, quando a gente papeando se recorda da cena, a gente se acaba de rir).

De qualquer modo, o importante foi que se conseguiu fechar a pauta. Os documentos básicos foram votados, a Comissão Executiva Nacional foi eleita (os Centros de Luta dos respectivos estados escolheram seus representantes, à exceção dos companheiros do Espírito Santo, que deixaram para fazê-lo mais tarde) e se decidiu o posicionamento que teríamos diante das eleições, mediante a noção de *voto racial*. Isto significava o estabelecimento de uma plataforma das exigências da comunidade negra, primeiramente apresentada aos candidatos negros e, caso não a encampassem (o que acabou ocorrendo), aos candidatos progressistas da oposição, em seguida, para que a divulgassem durante a campanha e buscassem efetivá-la durante o mandato. Estes últimos cumpriram ou tentaram cumprir a primeira parte, nada fizeram com relação à segunda, exceto alguns belos discursos (o que a gente já previa).

Vale recordar aqui um fato muito interessante, que nos remete à *ideologia do branqueamento*. Como se sabe, ela consiste no fato de os aparelhos ideológicos (família, escola, igreja, meios de comunicação etc.) veicularem valores que, juntamente com o mito da democracia racial, apontam para uma suposta superioridade racial e cultural branca. Vale notar que é justamente por aí, por essa articulação entre o mito e a ideologia, que se deve entender o caráter disfarçado do racismo à brasileira. Daí se segue que pessoas negras (pretas ou mulatas, porque dá no mesmo) internalizam tais valores e passam a se negar enquanto tais, de maneira mais ou menos consciente (o mesmo acontecendo com as pessoas "brancas", isto é, aquelas cujos traços revelam uma ascendência negra, mas que são *vistas* como brancas; Abdias do Nascimento as chama de "brancoides"). Em suma, elas sentem vergonha de sua condição racial e passam a desenvolver mecanismos de ocultamento de sua "inferioridade". Esses mecanismos recobrem um amplo quadro de racionalização que vai desde um efetivo racismo às avessas (negros ou "brancoides" que, por palavras e atos, "não gostam de preto") até a atitude "democrática" que nega a questão racial, diluindo-a mecanicamente na luta de classes (por aí se vê como certas posições de esquerda nada mais fazem do que reproduzir o mito da democracia racial, criado pelo liberalismo paternalista que elas dizem combater). De acordo com nossa companheira de MNU Neusa Santos Souza, em seu importante trabalho sobre o drama de ser negro no Brasil, tais mecanismos de ocultamento e negação são devidos ao fato de, em termos psicanalíticos, o branco ser vivenciado como ideal do ego. De nossa parte, de acordo com as pesquisas de Cheikh Anta Diop, e também numa perspectiva psicanalítica, a universal "fobia de negro" remeteria justamente para o contrário. Mas isso é assunto para um outro papo, posto que a reprodução da ideologia do branqueamento é um fato concreto que só confirma o que a Neusa diz. Isto feito, aqui vai o nosso relato.

Fui designada pelos companheiros de movimento para levar nossa plataforma política a um famoso e respeitado candidato da oposição, que é negro. Na sala de espera de seu escritório, fui abordada por uma jovem recepcionista, "morena queimadinha", que foi logo me dizendo: "Escuta aqui, minha filha, se você veio aqui para pedir emprego ao dr. ____, nem adianta, porque ele não vai te receber". Por aí se vê que, de acordo com sua bela cabecinha, uma crioula querendo falar com o candidato só podia ser para pedir emprego… Depois de uma verdadeira odisseia, consegui ser levada à presença do dr. ____, que leu atentamente o documento que lhe entreguei. Após isso, me disse solidariamente: "Mas é claro que eu apoio todas essas reivindicações, porque, afinal de contas, o problema *de vocês* é muito sério". Ao que eu lhe retruquei: "De fato, dr. ____, muito mais sério do que a gente pensava até *aqui e agora*". Pois é... Desnecessário dizer que nem durante sua campanha foi levantada a questão do negro. (Neusa, você tem carradas de razão, podes crer.)

Uma nova Assembleia Nacional foi marcada para o dia 4 de novembro, em Salvador. Vejamos o depoimento de um companheiro:

"A reunião do Movimento Negro Unificado Contra a Discriminação Racial fere a Lei Afonso Arinos."[*] Esta é a desculpa apresentada pelo presidente da Associação dos Funcionários Públicos da Bahia ao desistir de ceder a sede de "sua" entidade para a realização da ii Assembleia Nacional do Movimento Negro Unificado, na cidade de Salvador, na Bahia. Durante a manhã do dia 4 de novembro, vários telefonemas de Brasília determinavam às entidades de estudo das relações raciais que não apoiassem a

---

[*] A lei 1390/1951, conhecida como Lei Afonso Arinos, sancionada em julho de 1951, incluía entre as contravenções penais a prática de atos resultantes de preconceitos de raça ou de cor, sujeita a prisão e pagamento de multa.

Assembleia, enquanto a Polícia Federal se encarregava de tentar impedir a reunião. E a proibição da reunião por esse organismo foi o argumento utilizado pela responsável pelo teatro Vila Velha, o local alternativo, determinado pela Coordenação Nacional, organismo dirigente do Movimento Negro Unificado Contra a Discriminação Racial. [...]

Ao chegarmos ao teatro Vila Velha fomos informados de que a Polícia Federal proibira a Assembleia, pois considerava que sua realização feria a Lei Afonso Arinos. Nós, negros, sempre desconfiamos dessa lei, pois temos certeza de que, apesar de ser uma lei que deveria garantir o direito do negro de lutar contra o racismo, nunca funcionou contra os racistas. Deveria ser usada contra nós. Foram colocados vários policiais nesse teatro e muitas viaturas circulavam ostensivamente nas suas imediações.

Voltamos para o ICBA, Instituto Cultural Brasil Alemanha, e realizamos nossa Assembleia, indiferentes às pressões do aparato repressivo, que se fez presente, inclusive, com provocações e agressões às pessoas que orientavam os transeuntes a participarem da Assembleia. Foi um passo importante para o nosso movimento, pois definimos pontos programáticos, data para a reunião preparatória do Congresso de Culturas Negras das Américas e tiramos um documento nacional do Dia da Consciência Negra.[6]

Na verdade, ficou estabelecido o Vinte de Novembro como o *Dia Nacional da Consciência Negra*. Nos anos seguintes, teríamos os atos públicos, as passeatas e outras formas de manifestação, ocorrendo em nível nacional enquanto expressões de um assentimento: o da comunidade negra. Graças ao empenho do MNU, ampliando e aprofundando a proposta do Grupo Palmares, o Vinte de Novembro transformou-se num ato político de afirmação da história do povo negro, justamente naquilo em que ele demonstrou sua capacidade de organização e de proposta de uma sociedade alternativa; na verdade, Palmares foi o autêntico berço da nacionalidade brasileira, ao se constituir como efetiva democracia racial, e Zumbi, o símbolo vivo da luta contra todas as formas de exploração. E hoje "tamos aí", constatando a importância da iniciativa do MNU, uma vez que grupos e entidades negras de todo o país se mobilizam em torno dessa data magna. E o Treze de Maio, cada vez mais, caracteriza-se como data oficial de órgãos governamentais, ou seja, como papo de branco (o que é até coerente, pois a chamada abolição resolveu os problemas das classes dominantes brancas e não o nosso). Mas vamos ao texto de 4 de novembro de 1978:

AO POVO BRASILEIRO

MANIFESTO NACIONAL DO MOVIMENTO NEGRO UNIFICADO CONTRA A DISCRIMINAÇÃO RACIAL

A ZUMBI

20 DE NOVEMBRO: DIA NACIONAL DA CONSCIÊNCIA NEGRA

Nós, negros brasileiros, orgulhosos por descendermos de ZUMBI, líder da República Negra de Palmares, que existiu no estado de Alagoas, de 1595 a 1695, desafiando o domínio português e até holandês, nos reunimos hoje, após 283 anos, para declarar a todo o povo brasileiro nossa verdadeira e efetiva data: 20 de novembro, DIA NACIONAL DA CONSCIÊNCIA NEGRA!

Dia da morte do grande líder negro nacional, ZUMBI, responsável pela PRIMEIRA E ÚNICA tentativa brasileira de estabelecer uma sociedade democrática, ou seja, livre, e em que todos — negros, índios, brancos — realizaram um grande avanço político e social. Tentativa esta que sempre esteve presente em todos os quilombos.

Hoje estamos unidos numa luta de reconstrução da sociedade brasileira, apontando para uma nova ordem, onde haja a participação *real* e *justa* do negro, uma vez que somos *os mais oprimidos dos oprimidos*; não só aqui, mas em todos os lugares onde vivemos. Por isto, negamos o Treze de Maio de 1888, dia da abolição da escravatura, como um dia de libertação. Por quê? Porque nesse dia foi assinada uma lei que apenas ficou no papel, encobrindo uma situação de dominação sob a qual até hoje o negro se encontra:

JOGADO NAS FAVELAS, CORTIÇOS, ALAGADOS E INVASÕES, EMPURRADO PARA A MARGINALIDADE, A PROSTITUIÇÃO, A MENDICÂNCIA, OS PRESÍDIOS, O DESEMPREGO E O SUBEMPREGO, tendo sobre si, ainda, o peso desumano da VIOLÊNCIA E REPRESSÃO POLICIAL. Por isto, mantendo o espírito de luta dos quilombos, GRITAMOS contra a situação de *exploração* a que estamos submetidos, lutando contra O RACISMO e toda e qualquer forma de OPRESSÃO existente na sociedade brasileira, e pela MOBILIZAÇÃO E ORGANIZAÇÃO da comunidade, visando a uma REAL emancipação política, econômica, social e cultural. Desde o dia 18 de junho somos O MOVIMENTO NEGRO UNIFICADO CONTRA A DISCRIMINAÇÃO RACIAL, movimento que se propõe a ser um canal das reivindicações do negro brasileiro e que tem suas bases nos CENTROS DE LUTA, formados onde quer que o negro se faça presente.

É preciso que O MOVIMENTO NEGRO UNIFICADO CONTRA A DISCRIMINAÇÃO RACIAL se torne forte, ativo e combatente; mas, para isso é necessária a participação de todos, afirmando o Vinte de Novembro como O DIA NACIONAL DA CONSCIÊNCIA NEGRA.

PELO DIA NACIONAL DA CONSCIÊNCIA NEGRA

PELA AMPLIAÇÃO DO MNUCDR

POR UMA VERDADEIRA DEMOCRACIA RACIAL

PELA LIBERTAÇÃO DO POVO NEGRO

Em setembro de 1979, realizar-se-ia um encontro nacional em Belo Horizonte visando a um balanço crítico de nossas atividades, assim como à preparação do I Congresso do MNUCDR, marcado para os dias 14, 15 e 16 de dezembro, no Rio de Janeiro.

As atividades do MNU em seu primeiro ano de existência se deram nos mais diferentes níveis. Desde a denúncia dos casos de violência policial (que nos levou a defender a tese, junto ao Comitê Brasileiro pela Anistia, em seus dois congressos de 1978 e 1979, de que o negro brasileiro também é prisioneiro político, na medida em que é colocado sob suspeita e preso pelo simples fato de ser negro), passando pelas manifestações em praça pública (enterro da Lei Afonso Arinos, em São Paulo; realização de atos públicos e passeatas, por ocasião do Vinte de Novembro, em diferentes capitais do país etc.), ao trabalho iniciado junto à comunidade negra. Seu trabalho de denúncia do racismo e da violência policial acabou por sensibilizar determinados setores da sociedade, tanto num sentido positivo quanto num negativo.

No primeiro caso, vale notar, por exemplo, a descoberta divulgada pela grande imprensa: a de que o negro comum também é torturado. De acordo com a reportagem de um grande semanário, a opinião pública brasileira só tomou conhecimento da existência da tortura a partir do momento em que a repressão passou a praticá-la nos jovens de classe média que se opuseram ao regime. Um belo dia, o cardeal do Rio de Janeiro foi fazer sua visita anual ao presídio, quando os presos (negros em sua maioria, vale lembrar) lhe revelaram a grande novidade. (Se a gente se interessasse mais pelo que se passa efetivamente no cotidiano da grande massa negra, desde a escravidão, a gente saberia que tortura sempre existiu em nosso belo país tropical.) Outros exemplos de sensibilização referem-se à divulgação dos assassinatos do adolescente Ailton, da menina Márcia, de Aézio, todos eles negros anônimos e pobres, vítimas, como tantos outros, da violência policial. E, quando eclodiu o internacionalmente famoso "caso Marli",* o apoio recebido sobretudo pelo movimento de mulheres foi um dos efeitos das denúncias efetuadas pelo MNUNCDR desde 1978. (Robson da Luz e os atletas-mirins do Tietê...)

---

* Marli Pereira Soares, ou Marli Coragem, como viria a ser chamada, virou símbolo da luta contra a violência ao testemunhar a morte de seu irmão pela Polícia Militar do Rio de Janeiro, em abril de 1979, e não se calar. Era ditadura militar no Brasil, e ela, mulher negra e jovem, encarou toda a tropa perfilada do 20º Batalhão da PMERJ para fazer o reconhecimento dos assassinos de seu irmão. Sofreu represálias, teve que se esconder, e encontrou apoio na ampla cobertura que a imprensa deu ao caso. Em 1980 conseguiu que os assassinos fossem presos. Anos depois, seu filho também foi assassinado pela polícia.

Quanto aos aspectos negativos, deixando de lado o já tradicional "racismo às avessas" de que somos acusados sempre que nós, negros, partimos para a denúncia do racismo e da discriminação, pintaram outras acusações como as de divisionistas, revanchistas etc. e tal, provenientes de certos setores de esquerda, além daquela de subversão, tão cara ao regime. Mas a gente continuou a nossa luta. E hoje, 1981, é interessante observar que, apesar dos pesares, engrossaram as fileiras dos que estão interessados na "questão negra". O que não deixa de ser um avanço...

Com esse tipo de perspectiva com relação ao racismo, nosso trabalho de denúncia da situação do negro brasileiro também tem se dado em nível internacional, secundando aquele iniciado por Abdias do Nascimento a partir de 1968. Assim é que participamos de:

- Congressos — como o II Congresso de Cultura Negra das Américas, realizado no Panamá, 1980;
- Seminários — "Democracia para o Brasil", Nova York, 1979; "A Mulher sob o Apartheid" (promovidos pela ONU), Canadá e Finlândia, 1980 (dos quais fui vice-presidente); "Situação Política, Econômica e Social do Brasil", Itália, 1981;
- Simpósios — "A Economia Política do Mundo Negro", Los Angeles, 1979; "Raça e Classe no Brasil", Los Angeles, 1980;

- Encontros — VIII Encontro da Associação de Estudos Latino-Americanos (Lasa), Pittsburgh, 1979; Encontro Preparatório da Conferência da Década da Mulher, Suíça, 1980; II Encontro da Associação de Estudos da Herança Africana (AHSA), Pittsburgh, 1979;

- Conferências — "Os Direitos Humanos e a Missão da Mulher" (promovida pelo Conselho Mundial das Igrejas), Veneza, 1979; Conferência Alternativa da Década da Mulher, Copenhague, 1980; "Sanções contra a África do Sul" (promovida pela ONU), Paris, 1981;

- Palestras (Estados Unidos, Europa e África: Senegal, Alto Volta e Mali), entrevistas (imprensa falada, escrita e televisada dos três continentes citados), manifestações (Dia da Libertação Africana, 25 de abril; vale ressaltar que o Dia Nacional da Consciência Negra, o nosso Vinte de Novembro, foi comemorado em Londres em 1980) etc.

O I Congresso do MNU significou um grande passo em termos de luta política do negro. Reunindo delegados do Rio de Janeiro, São Paulo, Bahia, Minas Gerais e Rio Grande do Sul, avançou uma série de questões que seriam posteriormente confirmadas. Ao analisar a conjuntura nacional, os congressistas avaliaram corretamente a questão da violência: na medida em que a "abertura" se fazia, e com ela a aproximação da crise econômica, haveria uma espécie de deslocamento das atenções. A *segurança social* ocuparia o primeiro lugar das preocupações do governo, colocando num segundo plano, aparentemente, a *segurança nacional*. Os projetos de diminuição da idade para responsabilidade criminal (de dezoito para dezesseis anos) e para prisão cautelar indicavam a principal vítima do sistema: a população negra, para variar. Os linchamentos já se sucediam e a pena de morte já era vista como "natural" pelos vários setores da classe média (duramente atingida pelo "pacote de dezembro", ponto de partida para o seu empobrecimento progressivo). Diante de tal quadro, os congressistas votaram a execução das seguintes campanhas articuladas: "Mais empregos para os negros" e "Contra a violência policial". O desdobramento desta última, no momento que as bombas estavam aí, explodindo pelo país, levou nossos companheiros de Minas a marcarem o fato de que a população negra é objeto de um *terror cotidiano*.

Também nós, mulheres negras, além da denúncia do branqueamento do homem negro, em termos de casamento, discutimos os problemas relativos à educação de nossas crianças, controle da natalidade, assim como nossa participação no processo de libertação do povo negro e na luta contra o racismo. Analisamos também a situação da mulher negra enquanto empregada doméstica no quadro da reprodução do racismo (inclusive por parte de muitas militantes brancas do movimento de mulheres).

Quanto à questão da cultura negra, sérias críticas foram dirigidas ao processo de comercialização e folclorização que ela tem sofrido por parte das secretarias e agências de turismo. Conscientes da impossibilidade de deter a invasão capitalista, reivindicamos a profissionalização dos produtores de cultura popular. Era a consciência de que sobretudo as entidades negras de massa haviam se transformado em empresas; consequentemente, por que não pagar salários para passistas, bateristas, compositores e outros membros natos das escolas de samba?

Com relação à estrutura do movimento, o programa de ação foi devidamente ampliado e aprofundado. E, como a luta prioritária do movimento é *contra a discriminação racial*, seu nome foi simplificado para (o que já se fazia na prática) Movimento Negro Unificado (MNU).

À guisa de conclusão deste depoimento, não podemos deixar de ressaltar que o advento do MNU consistiu no mais importante salto qualitativo nas lutas da comunidade negra brasileira na década de 1970. Vale notar que as entidades culturais que, de um modo ou de outro, se distanciaram do MNU (por discordarem de sua proposta ou por falta de clareza política), foram obrigadas a se posicionarem de maneira mais incisiva; justamente porque o MNU conquistou espaços políticos que exigiram esse avanço por parte delas. Hoje não dá mais para sustentar posições culturalistas, intelectualistas, coisas que tais, e divorciadas da realidade vivida pelas massas negras. Sendo contra ou a favor, não dá mais para ignorar essa questão concreta, colocada pelo MNU: a articulação entre *raça e classe*. Por outro lado, o advento do MNU e a difusão de sua proposta política, objetivada em seu programa de ação e em sua carta de princípios, inspiraram a criação de diversas entidades e grupos negros em vários pontos do país. Finalizemos, então, com o texto de nossa carta de princípios:

NÓS, membros da população negra brasileira — entendendo como negro todo aquele que possui na cor da pele, no rosto ou nos cabelos sinais característicos dessa raça —, reunidos em assembleia nacional, CONVENCIDOS da existência de:

- discriminação racial
- marginalização racial, política, econômica, social e cultural do povo negro
- péssimas condições de vida
- desemprego
- subemprego
- discriminação na admissão de empregos e perseguição racial no trabalho
- condições sub-humanas de vida para os presidiários

- permanente repressão, perseguição e violência policial
- exploração sexual, econômica e social da mulher negra
- abandono e mau tratamento dos menores, negros em sua maioria
- colonização, descaracterização, esmagamento e comercialização de nossa cultura
- mito da democracia racial

RESOLVEMOS juntar nossas forças e lutar por:

- defesa do povo negro em todos os aspectos políticos, econômicos, sociais e culturais através da conquista de:
- maiores oportunidades de emprego
- melhor assistência à saúde, à educação e à habitação
- reavaliação do papel do negro na História do Brasil
- valorização da cultura negra e combate sistemático à sua comercialização, folclorização e distorção
- extinção de todas as formas de perseguição, exploração, repressão e violência a que somos submetidos
- liberdade de organização e de expressão do povo negro

E CONSIDERANDO ENFIM QUE:

- nossa luta de libertação deve ser somente dirigida por nós
- queremos uma *nova* sociedade onde *todos* realmente participem
- não estamos isolados do restante da sociedade brasileira

NOS SOLIDARIZAMOS:

- com toda e qualquer luta reivindicativa dos setores populares da sociedade brasileira que vise à real conquista de seus direitos políticos, econômicos e sociais;

- com a luta internacional contra o racismo.

POR UMA AUTÊNTICA DEMOCRACIA RACIAL!

PELA LIBERTAÇÃO DO POVO NEGRO!

Axé...

Raça, classe e mobilidade

CARLOS HASENBALG

A EXPANSÃO EUROPEIA INICIADA no século xv teve como resultado o contato entre europeus brancos e populações não brancas das áreas que iam sendo incorporadas ao mercado internacional. Desses contatos resultaram a incorporação de povos inteiros aos domínios coloniais metropolitanos, migrações forçadas de trabalhadores entre continentes e regiões e a sujeição de populações de cor a sistemas repressivos de trabalho.

O racismo, cuja essência reside na negação total ou parcial da humanidade do negro e de outros não brancos, constituiu a justificativa para exercitar o domínio sobre os povos de cor. O conteúdo dessa justificativa variou ao longo do tempo, tendo começado com noções imbuídas de uma visão religiosa do mundo que permitiram estabelecer a distinção entre cristãos e pagãos. Mais tarde, e de uma maneira paradoxal, o ideário de igualdade e liberdade surgido no final do século xviii acentuou a exclusão dos não brancos do universalismo burguês e levou à necessidade de reforçar a distinção entre homens (brancos) e sub-homens (de cor). Já no século XIX, o darwinismo social, o evolucionismo, as doutrinas do "racismo científico" e a ideia da "missão civilizatória do homem branco" aparecem intimamente relacionadas à expansão imperialista dos países europeus.

De fato, o início da revolta científica contra o racismo e a definição das raças como entidades biológicas independentes de definições sociais datam da terceira e quarta décadas do século XX. O antropólogo Franz Boas pode ser destacado como um dos pioneiros no ataque sistemático às interpretações biológicas da história e um dos principais responsáveis pela mudança que levou a desenfatizar fatores biológicos e hereditários em favor de fatores puramente culturais na explicação da dinâmica social. Porém, apesar do crescente descrédito do determinismo biológico e racial, o velho tema volta a aparecer com novas roupagens. Numa época em que a atividade das ciências sociais e biológicas tem refutado consistentemente a existência de desigualdades naturais entre as raças, alguns produtos da atividade científica continuam a ser utilizados para sustentar a existência de uma base genética das diferenças raciais; é o caso dos controvertidos testes de QI e as possíveis derivações racistas de uma disciplina nova e igualmente controvertida como é a sociobiologia.

O estudo das relações raciais
nos Estados Unidos

No que se refere ao estudo científico das relações raciais, não é de estranhar que grande parte das interpretações teóricas e das análises empíricas tenha sido desenvolvida nos Estados Unidos, país multirracial onde a questão racial tem ocupado um lugar central no debate acadêmico e político. Em termos do seu valor intrínseco e influência posterior, a teoria do ciclo das relações raciais, formulada por Robert E. Park, constitui um dos marcos iniciais da interpretação sociológica do tema. Segundo esse autor, as relações raciais são o produto de migrações e conquistas, as raças sendo entidades socialmente definidas no contexto de interações competitivas marcadas pelo etnocentrismo. As relações raciais tenderiam a se adequar a um ciclo que inclui as etapas de contato, competição, acomodação e assimilação.[1] Park formulou sua teoria tendo em vista uma ampla gama de situações históricas. Seus vários trabalhos refletem a sua crença numa tendência a longo prazo no sentido da assimilação das minorias na sociedade mais ampla e o consequente desaparecimento de categorias étnicas e raciais enquanto tais. Dessa forma, a classe social tenderia a substituir raça e etnicidade como critério de estratificação social e fonte de conflito.

A sociologia americana posterior a Park não só está dominada pela premissa assimilacionista como também fez um recorte mais paroquial do foco de análise, limitando-se a estudar quase que exclusivamente as relações raciais nos Estados Unidos. De um ponto de vista teórico mais abstrato, o suposto assimilacionista resulta de uma análise das exigências estruturais das modernas sociedades industriais: universalismo, realização, eficiência instrumental e capacidade individual dentro de uma estrutura aberta de oportunidades. Dada a lógica do industrialismo e o caráter impessoal dos mecanismos de mercado, características individuais que não podem ser modificadas, como raça, etnicidade e sexo, tendem a ser cada vez menos importantes como fontes de estruturação das relações sociais. Mais concretamente, os trabalhos mais expressivos da perspectiva assimilacionista partem da ideia de que os Estados Unidos são uma nação constituída por sucessivas levas de imigrantes e onde as oportunidades econômicas em permanente expansão mantêm abertos os canais de ascensão social no sistema de classes.[2] Cada uma das minorias étnicas de imi-

O estudo das relações raciais nos Estados Unidos

grantes europeus ingressou nos Estados Unidos em uma situação desfavorável devido ao preconceito do grupo dominante, à ausência de familiaridade com os padrões culturais vigentes e à falta de habilidades para competir exitosamente no novo país. Porém, com o passar do tempo as minorias imigrantes aprenderam a cultura dominante, desenvolveram as habilidades requeridas e se deslocaram para cima na hierarquia ocupacional. Nessa abordagem, as minorias raciais, as últimas a migrar para as grandes cidades, são vistas como estando numa situação basicamente igual à das minorias étnicas europeias no passado. A partir dessa semelhança aparente com o imigrante, segue-se que o ritmo de incorporação do negro e de outras minorias raciais depende fundamentalmente da diminuição do preconceito do grupo branco e da aquisição, pelas minorias raciais, das normas culturais apropriadas à competição social na sociedade americana. No que se refere ao preconceito e à discriminação pelo grupo branco, além da tendência a subestimar seus efeitos, existe um otimismo geral sobre as possibilidades de sua diminuição através da persuasão moral e do contínuo esclarecimento do grupo dominante. Por sua vez, o ritmo lento ou até a ausência de progressos no processo de incorporação é explicado por alguns autores da escola assimilacionista como resultado do fracasso ou da incapacidade das minorias raciais em operar as adaptações culturais necessárias. A cultura da pobreza e formas anormais de organização social e familiar constituem a explicação do confinamento das minorias raciais na base da hierarquia social, por baixo da linha oficial da pobreza. Numa típica declaração em que "pobreza" constitui um eufemismo para referir-se fundamentalmente às minorias raciais, afirma-se:

> A pobreza engendra pobreza. Um indivíduo ou família pobre tem uma alta probabilidade de permanecer pobre. Uma baixa renda carrega consigo um alto risco de doenças, limitações na mobilidade, acesso limitado a educação, informação e treinamento. Os pais pobres não podem dar a seus filhos uma saúde e educação melhores, necessárias para melhorar sua situação. A falta de motivação, esperança e incentivo é uma barreira sutil mas não menos poderosa que a falta de recursos financeiros. Assim, o cruel legado da pobreza é passado de pais para filhos.[3]

Nos diagnósticos desta variante, a estrutura econômica é isenta de responsabilidades e o racismo branco desaparece como fator explicativo. As vítimas são responsáveis pelos seus próprios "defeitos", que explicam sua contínua subordinação social. Podem se encontrar aqui ressonâncias da antiga crença racista segundo a qual as pessoas de ascen-

O estudo das relações raciais nos Estados Unidos 93

dência africana, como raça de "gente de cor", não tinham a capacidade de melhorar por si mesmas.

Interessantemente, o colapso da perspectiva assimilacionista obedeceu menos à geração de novos enfoques e desenvolvimentos teóricos do que à atuação política das minorias raciais. Com efeito, a crise da estratégia integracionista do movimento pelos direitos civis deu lugar, na década de 1960, a novas formas de mobilização política do negro americano. No clima de reafirmação da consciência étnica e do nacionalismo cultural característico do ativismo das minorias raciais naquele período, intelectuais e militantes dessas minorias passaram a definir a relação de negros, índios, chicanos (imigrantes mexicanos e americanos de ascendência mexicana) e outros grupos com a sociedade americana como a de colônias internas. O modelo de colonialismo interno, inspirado nas situações do colonialismo e do neocolonialismo europeus, através da ênfase nas dimensões política e cultural da opressão racial, tendeu a demonstrar que assimilação e integração estavam longe de constituir as tendências mais significativas da dinâmica das relações raciais.[4]

Antes de considerar as análises de classe da questão racial e do racismo, tema central deste trabalho, é conveniente fazer uma breve menção a uma outra interpretação acadêmica das relações raciais que não comparte a premissa assimilacionista dominante na sociologia americana. Trata-se do modelo explicativo de casta e classe, formulado por antropólogos e sociólogos na década de 1930, a partir de estudos de comunidades locais no sul dos Estados Unidos. Não obstante esse modelo explicativo estar atualmente em desuso e ter sido superado pelos acontecimentos, ele teve acentuada influência nas linhas de pesquisa sobre relações raciais desenvolvidas nas décadas de 1940 e 1950. Traçando uma analogia com o sistema de castas da Índia, os grupos branco e negro foram conceitualizados como castas. O sistema de castas, caracterizado na maioria das definições pela ausência de intercasamentos e de mobilidade entre grupos, é contrastado com o sistema de classes, onde o intercasamento e a mobilidade entre grupos são possíveis. O padrão de relações raciais do sul-americano era visto como implicando ambos os fenômenos, com estruturas de diferenciação de classes presentes dentro mas não através da linha de separação das castas raciais. A linha de separação de castas, que no período escravista estaria traçada no sentido horizontal, tenderia a rotar sobre seu eixo no sentido diagonal como resultado da crescente estratificação interna do grupo negro. O modelo de casta e classe tem sido criticado pelo uso difuso e variado do conceito de casta; pela cristalização de uma visão estática da estrutura social, incapaz de explicar as constantes mudanças no sistema de relações raciais;

e pela inexistência, no caso americano, das legitimações de ordem cultural e religiosa que sustentam o sistema de castas da Índia.[5]

Em contraposição à maioria das interpretações sociológicas que focalizam ações discriminatórias e preconceito racial como elementos irracionais na sociedade, destinados a desaparecer, as análises de classe da questão racial atribuem primazia às bases materiais do preconceito e da discriminação raciais, tentando delimitar quais são os grupos ou classes sociais que se beneficiam com o racismo.

Nas suas linhas essenciais, a interpretação marxista corrente postula que racismo, preconceito e discriminação raciais são subprodutos necessários do desenvolvimento capitalista, implementados e manipulados pela classe dominante com os objetivos de manter uma força de trabalho explorável, constituída pelos racialmente dominados, e criar divisões dentro da classe trabalhadora, de forma a atenuar ou diminuir o conflito de classes.

Segundo Oliver C. Cox, autor de formulação já clássica dessa interpretação, a exploração e os preconceitos raciais se desenvolveram entre os europeus junto com o nascimento do capitalismo e do nacionalismo. A origem do conflito racial se encontraria no processo mais geral de mercantilização do trabalho.

A exploração racial é meramente um aspecto do problema da proletarização do trabalho, independentemente da cor do trabalho. Portanto, o antagonismo racial é essencialmente conflito político de classe. O explorador capitalista, sendo oportunista e prático, utilizará qualquer expediente para manter sua força de trabalho e outros recursos livremente exploráveis. Ele tramará e utilizará o preconceito racial quando lhe for conveniente.[6]

Seguindo esse raciocínio: "O preconceito racial constitui então a atitude justificativa necessária para a fácil exploração de uma raça. Para dizê-lo de outra forma, o preconceito racial é a atitude social que acompanha as práticas exploratórias raciais da classe dominante numa sociedade capitalista".[7]

Essa interpretação está caracterizada pela importância atribuída ao racismo como mecanismo de manutenção da dominação de classe. Os arranjos racistas operam em benefício da classe capitalista e em detrimento de todos os trabalhadores.[8] Desde que todos os trabalhadores são economicamente explorados, independentemente da cor, segue-se a necessidade de alianças e coligações inter-raciais para enfrentar a classe capitalista dominante.

As reações críticas a essa interpretação apontam não tanto para o fato de a mesma estar errada ou deixar de assinalar aspectos relevantes da dinâmica social, mas para seu caráter unilateral e simplificador. Em primeiro lugar, um suposto implícito na perspectiva marxista ortodoxa é o de que raça e etnicidade constituem manifestações secundárias que apenas alteram a forma, mas não o conteúdo, da dinâmica de classe. O relegamento do preconceito racial, racismo e identidades étnicas à esfera superestrutural, reflexo das relações de classe, subestima o papel dos fenômenos raciais e étnicos na análise de sociedades plurirraciais e multiétnicas. A insistência em conceitualizar o negro simplesmente como um segmento explorado (ou superexplorado) da classe trabalhadora e em explicar as hierarquias raciais unicamente em termos dos interesses e estratégias da classe capitalista tende a ofuscar o que há de específico na opressão racial. É por esse motivo que militantes e intelectuais negros americanos, não obstante adotarem posturas anticapitalistas, têm insistentemente assinalado a duplicidade da exploração de classe e da opressão racial.

Na maioria dos países a luta dos oprimidos tem se dado em termos de classe unicamente. Mas nos Estados Unidos os negros não têm só estado no mais baixo degrau da economia, eles têm sido mantidos ali com base na raça... Não são somente os grandes negócios ou os administradores ou os dirigentes do sistema econômico que estão aliados contra os negros. É a população branca. Isto é o que concede à luta do negro sua peculiar dualidade: é tanto uma luta de classe dos que estão no último degrau revoltando-se contra a própria estrutura do sistema americano, como também uma luta racial, porque dirigida contra a população branca americana que tem mantido o negro nos porões de sua sociedade.[9]

Desenvolvendo um argumento semelhante, Eugene Genovese, historiador marxista de inspiração gramsciana, ao enfatizar o status de dependência semicolonial do negro americano, postula as bases de uma nacionalidade negra:

A complexidade e a dificuldade do problema racial são ainda mais obscurecidos pela tendência a ver a população negra nos Estados Unidos simplesmente como uma classe explorada ou, ainda mais confusamente, como um dentre um número de grupos étnicos que o capitalismo tem oprimido de várias maneiras. Os negros americanos constituem não tanto uma classe como uma nação, e sua experiência nos Estados Unidos tem sido única. [...] A nacionalidade negra emerge de duas fontes: uma comunidade de interesses em uma sociedade virulentamente racista; e uma cultura particular que tem sido ela mesma um mecanismo de sobrevivência tanto como de resistência à opressão racista. Ao mesmo tempo, os negros vivem entre brancos e fazem parte da cultura nacional americana. Definitivamente, eles tanto são parte como estão à parte da nação americana.[10]

Um segundo problema suscitado por essa perspectiva refere-se à estratégia de alianças inter-raciais. Muitos marxistas americanos assinalam, com certo fundamento, como a ausência de unidade através da linha racial funciona como um obstáculo à solidariedade da classe trabalhadora. Porém, a dificuldade nesse ponto reside na defasagem entre teoria e realidade, representada pelo racismo da classe trabalhadora branca. Não é sem bons motivos que militantes negros afirmam a inexistência de bases históricas para a constante promessa de que os trabalhadores brancos irão se juntar ao negro numa frente comum contra o inimigo capitalista. Como destaca J. Prager:

Para aceitar a teoria radical, é necessário relegar boa parte da história moderna americana a uma história baseada na falsa consciência. Somos forçados a aceitar como artigo de fé uma hegemonia ideológica que é capaz de implantar um racismo tão virulento (quanto irracional) que às vezes escapa a qualquer controle. Implicitamente, a teoria racial afirma que 1% da população é capaz de fazer com que os restantes 99% não só se comportem como atores inconscientes (ou falsamente conscientes) mas atuem de tal maneira a negar seus próprios interesses.[11]

Reduzir o racismo da população branca a um fenômeno de falsa consciência imposta pela classe dominante simplifica demasiadamente as profundas raízes históricas do racismo na sociedade americana. Em nível regional essa hegemonia pode ter existido no sul dos Estados Unidos durante o escravismo e no período que vai do fim da guerra civil até a campanha pelos direitos humanos. Porém, o que se pode colocar em dúvida é até que ponto o capitalismo americano contemporâneo precisa propagar *deliberadamente* o racismo como mecanismo de assegurar sua estabilidade política.

Dúvidas semelhantes podem ser levantadas a respeito da distribuição dos benefícios derivados do racismo. A visão segundo a qual o racismo só gera ganhos materiais para a classe capitalista e perdas para todos os trabalhadores subestima os benefícios econômicos e não econômicos acumulados ao longo do tempo por uma parcela significativa da população branca em decorrência do simples confinamento do negro às posições inferiores da hierarquia social. De fato, o resultado das práticas racistas de seleção social é o acesso preferencial dos brancos às posições de classe que comportam maior remuneração, prestígio e autoridade. No caso particular dos Estados Unidos, é conveniente lembrar a exclusão racial praticada pelos setores organizados da classe operária, vinculados ao segmento mais avançado da economia, e o virtual monopólio branco das posições nas hierarquias administrativas do setor privado. Esse raciocínio sugere a possibilidade de que a perpetuação das práticas racistas esteja relacionada à estrutura de interesses materiais, situação competitiva e benefícios simbólicos de grupos da população branca, além dos detentores do capital.

Uma outra variante de análise de classe da questão racial localiza a fonte do racismo na competição entre grupos de trabalhadores em mercados de trabalho segmentados étnica ou racialmente. Segundo Edna Bonacich, formuladora desta interpretação,

> a empresa tenta pagar pelo trabalho o mínimo possível, independentemente da etnia, e é mantida em xeque pelos recursos e motivos do grupo de trabalhadores. Como recursos e motivos variam com frequência segundo a etnia, é comum encontrarem-se mercados de trabalho segmentados etnicamente.[12]

Num mercado de trabalho segmentado, um conflito triplo entre empresários, um grupo de trabalhadores mais bem remunerado (usualmente branco) e outro mais barato (usualmente de cor) pode evoluir para formas extremas de antagonismo racial. No que se refere aos interesses dessas classes, os empregadores desejam ter uma força de trabalho tão barata e dócil quanto possível para competir com outras empresas.

O grupo de trabalhadores mais bem pago é ameaçado pela introdução de trabalhadores mais baratos no mercado, pois isso pode excluí-lo do território ou reduzir o seu preço ao nível deste último. O trabalho mais barato, por sua vez, é utilizado pelas empresas para minar a posição do trabalho mais caro, seja para furar greves ou para rebaixar o nível dos salários. Dependendo das relações de poder entre esses três setores, três resultados típicos podem ocorrer. Em primeiro lugar, o processo pelo qual o trabalho mais barato desloca o grupo de trabalhadores mais bem pago ou reduz o seu nível de salários. Em segundo, o processo de exclusão, que tem mais probabilidades de ocorrer quando o trabalho mais bem pago tem força suficiente para se opor aos interesses dos empresários: os trabalhadores mais bem remunerados resistem ao deslocamento quer impedindo a presença física de trabalhadores mais baratos, quer expulsando-os, se eles já estiverem presentes. A casta é o terceiro processo e é o resultado mais provável onde quer que o trabalho mais barato esteja presente e não possa ser excluído. A casta é implementada por uma aristocracia do trabalho que se reserva certos empregos e torna ilegal a possibilidade de os empregadores utilizarem trabalho mais barato para substituí-la.

Uma primeira observação crítica a respeito dessa teoria deriva de uma falha que ela comparte com as conceitualizações do marxismo ortodoxo: implicitamente apresenta uma visão simplificada da estrutura de classes, composta só de capitalistas e trabalhadores diretamente produtivos. A decorrência disso é escamotear a responsabilidade dos empregadores pela exclusão do negro nos crescentes setores da classe média assalariada. Em segundo lugar, se a hipótese de Bonacich fornece uma boa descrição das motivações e do comportamento de um setor da classe operária branca, ao mesmo tempo hiperdimensiona a importância e o poder desse grupo para implementar os arranjos de exclusão e casta. Alternativamente pode-se sugerir que a posição do negro na estrutura de classes obedece aos efeitos combinados das mudanças na composição da força de trabalho requeridas pelo desenvolvimento capitalista e do nível e qualidade das práticas racistas de seleção social e ocupacional. Como afirma Sidney Willhem:

> O racismo que alguns veem como "endêmico" a alguns ou a todos os setores da classe trabalhadora branca se desenvolveu e persiste porque até agora a classe trabalhadora não tem sido capaz de criar um sistema econômico alternativo e ainda deve, no melhor dos casos, perceber suas estratégias dentro dos parâmetros do capitalismo. "Porque, a menos que uma visão de uma ordem social melhor possa ser concretizada e relacionada às possibilidades presentes, as pessoas lutarão por aquilo que podem conseguir dentro do sistema existente."[13]

Relações entre negros e brancos no Brasil

VOLTANDO A ATENÇÃO PARA O BRASIL, podem ser identificadas três linhas de pesquisa que dizem respeito às relações entre raça, classe e desigualdades sociais. A atual versão oficial das relações raciais teve sua formulação acadêmica feita no início da década de 1930 por Gilberto Freyre. Ao destacar as contribuições positivas do africano e do ameríndio para a cultura brasileira, esse autor subverteu as premissas racistas presentes no pensamento social do fim do século XIX e início do século XX. Simultaneamente, Freyre criou a mais formidável arma ideológica contra o negro. A ênfase na flexibilidade cultural do colonizador português e no avançado grau de mistura racial da população do país o levou a formular a noção de democracia racial. A consequência implícita dessa ideia é a ausência de preconceito e de discriminação raciais e, portanto, a existência de iguais oportunidades econômicas e sociais para negros e brancos. Nesse ponto é interessante notar que nos Estados Unidos os negros e outras minorias raciais são as exceções reconhecidas à ideologia de igualdade de oportunidades, enquanto na sociedade brasileira, hierárquica e permeada por grandes desigualdades sociais, o ideal de igualdade de oportunidade é predicado fundamentalmente no terreno racial.

A obra de Gilberto Freyre influenciou outra linha de indagação conduzida por aqueles que estudaram as relações raciais no Norte do Brasil, rural e urbano, durante as décadas de 1940 e 1950.[14] Apesar da evidência contundente de uma forte associação entre cor e posição social, esses estudiosos, impressionados pelas diferenças mais notáveis entre os sistemas raciais do Brasil e dos Estados Unidos, desenfatizaram a discriminação racial e seus efeitos sobre a mobilidade social do negro. Algumas de suas primeiras conclusões são: a) existe preconceito no Brasil, mas é mais preconceito de *classe* do que de *raça*; b) a forte consciência das diferenças de cor não está relacionada à discriminação; c) estereótipos e preconceitos negativos contra o negro são manifestados mais verbalmente do que no nível do comportamento; e d) outras características, tais como riqueza, ocupação e educação, são mais importantes que a raça na determinação das formas de relacionamento interpessoal. Em uma conclusão bastante inconsistente, onde coexistem mito, fato e desejo, Charles Wagley afirma:

Não existem sérias barreiras raciais ao avanço social e econômico; à medida que as oportunidades aumentam, maior número de pessoas deverá elevar-se no sistema social. O grande contraste nas condições sociais e econômicas entre os estratos baixos de cor mais escura e a classe alta predominantemente branca deverá desaparecer. Porém, há perigos no caminho em direção a esse ideal. Há indicações tanto nesses estudos como em informes provenientes dos grandes centros metropolitanos do país de que discriminação, tensões e preconceitos baseados na raça estão aparecendo.[15]

A terceira linha de pesquisa, que incorpora uma análise de classe da questão racial, foi desenvolvida nas décadas de 1950 e 1960 pela escola de São Paulo, à qual se vinculam indissoluvelmente os nomes de Florestan Fernandes, Fernando Henrique Cardoso e Octávio Ianni.[16] Não obstante os trabalhos de Cardoso e Ianni sobre escravidão apenas tratarem secundariamente a situação pós-abolição, as análises desses três autores compartem algumas suposições e chegam a certas conclusões comuns. Em linhas gerais, o sistema de relações raciais é enfocado a partir da análise do processo de desagregação do sistema escravista de castas e da constituição de uma sociedade de classes. A situação social do negro depois da abolição é vista à luz da herança do antigo regime. Preconceito e discriminação raciais, o despreparo cultural do ex-escravo para assumir a condição de cidadania e de trabalhador livre e a sua negação do trabalho como forma de afirmação da posição de homem livre resultaram na marginalização e desclassificação social do negro, que se estendeu por mais de uma geração. Independentemente de sua adequação, esse diagnóstico está relacionado basicamente à região Sul do país, onde a grande maioria da população negra tinha saído da condição servil nos anos finais do sistema escravista. O mesmo não poderia ser extrapolado para o resto do país, particularmente o Nordeste e Minas Gerais, onde a transição entre as condições de escravo e de homem livre foi mais gradual e a maioria da população negra já era livre antes da abolição, apesar de ter ficado imobilizada, antes e depois da abolição, por um sistema semisservil de relações de trabalho.

A obra de Florestan Fernandes, sem dúvida a mais importante contribuição aos estudos contemporâneos sobre as relações entre brancos e negros no Brasil, é a que analisa mais detalhadamente o período pós-abolição. Seus estudos enfocam a integração do negro no mercado de trabalho e na estrutura da sociedade de classes emergente. Na sua avaliação da situação social e econômica do negro nas décadas imediatamente posteriores ao fim do escravismo, a discriminação racial e a preferência dos empregadores por trabalhadores brancos imigrantes aparecem junto com uma forte

Relações entre negros e brancos no Brasil

ênfase nas deficiências culturais do ex-escravo — ausência de normas organizadas de comportamento, desorganização social e familiar. Por outro lado, preconceito e discriminação raciais são vistos como requisitos do funcionamento do regime escravista, mas como sendo incompatíveis com os fundamentos jurídicos, econômicos e sociais de uma sociedade de classes. A adoção de um modelo normativo de revolução burguesa e de sistema social competitivo leva a uma sobre-estimação do potencial democrático e igualitário da sociedade de classes em formação. Isso, junto com a visão do preconceito e da discriminação raciais como sobrevivências anacrônicas do passado escravista — destinados portanto a desaparecer com o amadurecimento do capitalismo —, leva, de forma implícita, a um diagnóstico otimista sobre a integração do negro à sociedade de classes. O reconhecimento de que o racismo à brasileira pode ser mais do que um fenômeno transitório se encontra apenas em algumas passagens isoladas nas quais se contempla a possibilidade de uma solidificação do paralelismo entre raça e posição na estrutura social.

A despeito das diferenças no tratamento do problema, a perspectiva assimilacionista está presente nas três abordagens das relações raciais acima destacadas. Num caso o papel da raça na geração de desigualdades sociais é negado, noutro o preconceito (racial) é reduzido a um fenômeno de classe e, por último, a discriminação racial constitui um resíduo cultural do já distante passado escravista. Nenhuma dessas perspectivas considera seriamente a possibilidade da coexistência entre racismo, industrialização e desenvolvimento capitalista.

Racismo e desigualdades raciais no Brasil

EM TRABALHOS ANTERIORES, o autor formulou uma interpretação alternativa sobre a reprodução das desigualdades raciais no Brasil e as relações entre raça, a estrutura de classes e mobilidade social.[17] Do ponto de vista teórico, foi discutida a perspectiva segundo a qual as relações raciais pós-abolição são vistas como uma área residual de fenômenos sociais, resultante de formas "arcaicas" de relações intergrupais formadas no passado escravista. Em oposição a essa argumentação foi sugerido que: a) preconceito e discriminação raciais não se mantêm intactos após a abolição, adquirindo novas funções e significados dentro da nova estrutura social; e b) as práticas racistas do grupo racial dominante, longe de serem meras sobrevivências do passado, estão relacionadas aos benefícios materiais e simbólicos que os brancos obtêm da desqualificação competitiva do grupo negro. Desse ponto de vista, não parece existir nenhuma lógica inerente ao desenvolvimento capitalista que leve a uma incompatibilidade entre racismo e industrialização. A raça, como atributo social e historicamente elaborado, continua a funcionar como um dos critérios mais importantes na distribuição de pessoas na hierarquia social. Em outras palavras, a raça se relaciona fundamentalmente a um dos aspectos da reprodução das classes sociais, isto é, a distribuição dos indivíduos nas posições da estrutura de classes e dimensões distributivas da estratificação social.

No que se refere às desigualdades raciais contemporâneas, a explicação que enfatiza o legado da escravidão e o diferente ponto de partida de brancos e negros no momento da abolição pode ser colocada em questão. O poder explicativo da escravidão com relação à posição social do negro diminui com o passar do tempo, ou seja, quanto mais afastados estamos, no tempo, do final do sistema escravista, menos se pode invocar a escravidão como uma causa da atual subordinação social do negro. Inversamente, a ênfase deve ser colocada nas relações estruturais e no intercâmbio desigual entre brancos e negros no presente.

Dois fatores principais, ambos relacionados à estrutura desigual de oportunidades de mobilidade social depois da abolição, podem ser identificados como os determinantes das desigualdades raciais contemporâneas no Brasil: a de-

Racismo e desigualdades raciais no Brasil

sigual distribuição geográfica de brancos e negros e as práticas racistas do grupo racial dominante.

Em relação ao primeiro aspecto, nota-se que um número desproporcional de negros vive nas regiões predominantemente agrárias e menos desenvolvidas do Brasil, onde as oportunidades econômicas e educacionais são muito menores do que no Sudeste, onde se concentra a parte majoritária da população branca. Essa segregação geográfica dos dois grupos raciais foi inicialmente condicionada pelo funcionamento do sistema escravista e posteriormente reforçada pelas políticas de estímulo à imigração europeia implementadas no Sudeste, cujo resultado foi a segmentação regional do mercado de trabalho entre o fim do escravismo e a década de 1930.

Com relação ao racismo, além dos efeitos das práticas discriminatórias, uma organização social racista também limita a motivação e o nível de aspirações do negro. Quando são considerados os mecanismos sociais que obstruem a mobilidade social ascendente do negro, às práticas discriminatórias dos brancos devem ser acrescentados os efeitos derivados da internalização, pela maioria da população negra, de uma autoimagem desfavorável. Essa visão negativa do negro começa a ser transmitida nos textos escolares e está presente numa estética racista veiculada permanentemente pelos meios de comunicação de massa, além de estar incorporada num conjunto de estereótipos e representações populares. Dessa forma, as práticas discriminatórias, a tendência a evitar situações discriminatórias e a violência simbólica exercida contra o negro reforçam-se entre si de maneira a regular as aspirações do negro de acordo com o que o grupo racial dominante impõe e define como os "lugares apropriados" para as pessoas de cor.

Os dados da Pesquisa Nacional por Amostra de Domicílios (PNAD) de 1976 permitem relacionar a classificação de cor (brancos, pretos e pardos) com algumas características socioeconômicas e traçar um perfil atualizado da estrutura de desigualdades raciais no Brasil.

Como foi assinalado anteriormente, um dos determinantes da apropriação desigual das oportunidades econômicas e educacionais está relacionado com a segregação geográfica das populações branca e não branca (esta última constituída por pretos e pardos, na denominação dos censos demográficos e da PNAD). A acentuada polarização geográfica dos dois grupos raciais está indicada pelo fato de quase dois terços (64%) da população branca residir no Sudeste e no Sul (RJ, SP, PR, SC e RS), as regiões mais desenvolvidas do país, enquanto uma proporção similar (69%) de pretos e pardos concentra-se no resto do país, principalmente nos estados do Nordeste e em Minas Gerais.

Um dos efeitos da distribuição geográfica dos grupos de cor entre regiões desigualmente desenvolvidas aparece no local de residência desses grupos, notando-se uma proporção mais elevada de brancos residentes em áreas urbanas (63% de brancos e 57% de não brancos).

Outra dimensão das desigualdades raciais está constituída pelo acesso ao sistema educacional e às oportunidades de escolarização. Considerando-se as pessoas de cinco anos de idade ou mais na data de referência, a proporção de não brancos analfabetos (40%) é quase o dobro da de brancos (22%). O grau de desigualdade educacional experimentado por pretos e pardos aumenta rapidamente quando são considerados os níveis mais altos de instrução. O grupo branco tem uma oportunidade 1,55 vez maior que os não brancos de completar entre cinco e oito anos de estudo e uma oportunidade 3,5 vezes maior de cursar nove ou mais anos de estudo.

Levando-se em conta a participação dos dois grupos raciais na força de trabalho, segundo setores de atividade econômica, constata-se uma concentração desproporcional de não brancos nos setores agrícolas, na indústria de construção civil e na prestação de serviços, que englobam as ocupações menos qualificadas e mais mal remuneradas. Esses três setores absorviam 68% dos não brancos e 52% dos brancos economicamente ativos em 1976. Inversamente, pretos e pardos estavam sub-representados nos setores de outras atividades, comércio de mercadorias e indústria de transformação, cujas ocupações exigem maiores qualificações e são mais bem remuneradas.

Por último, é lógico esperar que as desigualdades existentes na distribuição regional, na qualificação educacional e na estrutura de emprego de brancos e não brancos determinem fortes disparidades na distribuição de renda. Entre as pessoas não brancas com rendimentos, 53,6% recebiam uma renda de até um salário mínimo. No caso do grupo preto esse percentual aumenta para 59,4%, enquanto somente 23,2% dos brancos situavam-se nessa faixa de rendimentos. No extremo oposto da distribuição, 23,7% de brancos e 14,5% de não brancos obtinham de dois a cinco salários mínimos, e 16,4% dos brancos e 4,2% de não brancos tinham rendimentos superiores a cinco salários mínimos.

Foi sugerido anteriormente que as causas das desigualdades raciais não devem só ser procuradas no passado, mas que elas também operam no presente. Isso leva a confrontar duas interpretações que podem ser assim formuladas: a) segundo a noção de "democracia racial" o negro usufrui hoje as mesmas oportunidades que o branco e sua posição social inferior é devida ao ponto de partida desigual no momento da abolição; e b) a subordinação social do negro é devida ao diferente ponto de partida e à persistência de oportunidades desiguais de ascensão social. A forma de dirimir as dúvidas consiste em estudar o processo de mobilidade social dos dois grupos raciais e assim determinar a existência ou não de oportunidades desiguais.

Os dados da Tabela 1 oferecem uma visão global dos fluxos de mobilidade social entre gerações, segundo grupos de cor.

TABELA 1 Mobilidade da ocupação dos pais até a ocupação dos entrevistados, segundo grupos raciais

Brancos				
Ocup. do pai	Alta	Não manual	Manual	Rural
Alta	47,0	28,3	22,6	2,1	100,0
Não manual	21,4	39,3	31,0	8,3	100,0
Manual	14,8	24,2	57,2	3,8	100,0
Rural	4,1	12,2	37,9	45,8	100,0

Não brancos				
Ocup. do pai	Alta	Não manual	Manual	Rural
Alta	24,2	28,9	45,6	1,3	100,0
Não manual	12,5	33,0	41,4	13,1	100,0
Manual	7,2	16,3	68,7	7,8	100,0
Rural	2,0	7,6	37,9	52,5	100,0

Fonte: PNAD-1976. Dados relativos a homens de 20 a 64 anos.

Entre os filhos de trabalhadores rurais que experimentaram mobilidade ascendente, o principal ponto de destino são as ocupações manuais urbanas. Os brancos nascidos nesse grupo têm uma pequena vantagem sobre os não brancos: não só a herança de status é menor entre os brancos (45,8%) do que entre os não brancos (52,5%), mas também só 9,6% de não brancos, em comparação com 16,3% de brancos, atravessavam a linha manual/não manual.

As diferenças inter-raciais de mobilidade passam a ser maiores ao considerar-se pessoas nascidas nos estratos ocupacionais mais elevados. Entre os nascidos no estrato manual, não só os não brancos permanecem em maior proporção no mesmo estrato, como também 39% de brancos e só 23,5% de não brancos ascendem aos dois estratos mais altos. Entre as pessoas nascidas no estrato não manual, 21,4% de brancos e só 12,5% de não brancos ascendem ao estrato mais alto. Por último, entre os nascidos no estrato ocupacional alto, os brancos apresentam um autorrecrutamento (47%) muito mais alto do que os não brancos. Um detalhe adicional reside no fato de que os não brancos estão expostos a probabilidades muito mais elevadas de mobilidade social descendente, ou seja, de perder as posições conquistadas na geração anterior, como é notório no caso dos nascidos nos estratos não manual e alto.

Racismo e desigualdades raciais no Brasil

Em suma, levando em conta a ocupação do pai dos entrevistados, os brasileiros não brancos têm menores possibilidades de mobilidade social ascendente do que os brancos. As diferenças inter-raciais nas oportunidades de mobilidade ascendente aumentam quanto mais elevado o status de origem familiar. Enquanto os brasileiros brancos nascidos nas posições sociais mais elevadas se beneficiam em grau maior de herança de status, o pequeno grupo de não brancos nascidos em famílias de posição social elevada está muito mais exposto a perder essas posições.

Ao considerar as fases do processo de transmissão de status, os dados da mesma pesquisa[18] também indicam que: a) os não brancos obtêm consistentemente menos educação que os brancos da mesma origem social; b) considerando pessoas com o mesmo nível educacional, os não brancos tendem a concentrar-se em níveis ocupacionais mais baixos do que os brancos; c) considerando também pessoas com a mesma educação, os não brancos obtêm consistentemente uma remuneração menor que os brancos. Os retornos à educação, em termos tanto de ocupação como de renda, mostram um acentuado diferencial em favor do grupo branco.

A pesquisa de Nelson do Valle Silva atingiu resultados semelhantes.[19] No seu modelo de consecução de status social, esse autor aplicou as equações estruturais dos brasileiros não brancos aos brancos. Controlando todas as variáveis do ciclo de vida, encontrou que 40% da diferença na educação atingida não é explicada; 29% da diferença nos pontos da escala ocupacional não é explicada; e que 50% da diferença de renda permanece inexplicada. Essas diferenças não explicadas devem ser interpretadas como consequências do racismo e das práticas discriminatórias sofridas pelo grupo não branco. Tais evidências empíricas recentes indicam claramente que a população negra no Brasil está exposta a um ciclo cumulativo de desvantagens que afeta sua mobilidade social. Noutras palavras, o negro enfrenta uma estrutura de oportunidades sociais diferente e mais desfavorável que a do branco.

Conclusão

TRANSCORRIDOS MAIS DE NOVENTA ANOS desde a abolição do escravismo, a população negra brasileira continua concentrada nos degraus inferiores da hierarquia social. Em contraste com a população branca, parte majoritária da população negra localiza-se nas regiões menos desenvolvidas do país. Seu acesso ao sistema educacional é restringido, particularmente aos níveis de instrução mais elevados.

A participação do negro no sistema produtivo está caracterizada pela concentração desproporcional nos setores de atividade que absorvem mão de obra menos qualificada e mais mal remunerada. Por sua vez, os fatos mencionados determinam uma participação altamente desigual de brancos e negros na distribuição de renda e na esfera do consumo do produto social.

Esse perfil de desigualdades raciais não é um simples legado do passado; ele é perpetuado pela estrutura desigual de oportunidades sociais a que brancos e negros estão expostos no presente. Os negros sofrem uma desvantagem competitiva em todas as etapas do processo de mobilidade social individual. Suas possibilidades de escapar às limitações de uma posição social baixa são menores que as dos brancos da mesma origem social, assim como são maiores as dificuldades para manter as posições já conquistadas.

Dada essa situação de fato, parece muito pouco provável que o ideal da igualdade racial seja atingido através de um mecanismo calcado no mercado, isto é, o processo de mobilidade social individual.

O negro na publicidade[*]

CARLOS HASENBALG

---

[*] Comunicação apresentada à 33ª Reunião Anual da Sociedade Brasileira para o Progresso da Ciência, Salvador, julho de 1981. Agradeço as valiosas sugestões de Lélia Gonzalez, Cesar Guimarães e Wanderley Guilherme dos Santos. (Nota do Autor)

No registro que o Brasil tem de si mesmo, o negro tende à condição de invisibilidade. Alguns exemplos servem para ilustrar as manifestações sintomáticas dessa tendência: o lugar irrisório que a historiografia destina à experiência e à contribuição do negro na formação dessa sociedade; a queima dos documentos relativos ao tráfico de escravos e ao regime escravista; a retirada do quesito sobre a cor da população nos censos demográficos de 1900, 1920 e 1970; e a negação obstinada a discutir a existência de qualquer problema de índole racial.

O intento de fazer do negro um ser invisível não deveria chamar a atenção em uma cultura que, proclamando-se racialmente democrática, está permeada pelo ideal obsessivo do embranquecimento. Basta lembrar os fatos pertinentes. Enquanto milhares de trabalhadores chineses chegavam a Cuba, ao Peru e à costa oeste dos Estados Unidos, o Brasil era o único país das Américas que, tendo passado pela experiência do escravismo, nos anos posteriores à abolição utilizou fartos recursos públicos para subsidiar a imigração europeia e assim evitar a "mongrelização" do país. Depois do episódio da imigração japonesa, o decreto-lei nº 7967 de 1945 destinava-se a garantir à "composição étnica da população as características mais convenientes da sua ascendência europeia". Entretanto, o resultado demográfico do ideal de embranquecimento, através do processo de miscigenação, foi a redução gradual do segmento propriamente negro da população e o reforçamento da propalada "metarraça" mestiça. Essa "tirada de cena" do negro pode ser vista como uma forma de resolver a tensão entre os sentimentos de superioridade branca e a culpa de infringir os ditames da mitologia racial vigente.

Por sua vez, o escamoteamento do registro histórico e a invisibilidade do negro relacionam-se com o processo de construção de sua identidade. Apesar dos intentos em sentido contrário, a identidade do negro está basicamente definida pelo branco. Nesse ponto é necessário distinguir duas identidades. A primeira, de caráter público e oficial, deriva das concepções formuladas por Gilberto Freyre na década de 1930. Nesse caso a identidade do negro está balizada pelos parâmetros de uma democracia racial: o negro é um brasileiro como qualquer outro e, como tal, não está sujeito a preconceitos e discriminações. A segunda identidade corresponde ao plano privado e incorpora duas dimensões. Uma delas, em nível mais consciente e deliberado, traduz aquilo que, à boca pequena e em conversa entre brancos, constitui o repertório de ditados populares carregados de imagens negativas sobre o negro. A outra, em plano mais inconsciente, corresponde à estereotipação dos papéis e lugares do negro. Nessa dimensão o negro é representado ora como trabalhador braçal, não qualificado, ora como aquele que ascendeu socialmente pelos canais de mobilidade considerados legítimos para o negro. Este último grupo é assim definido por Lélia Gonzalez: "As imagens mais positivas vistas das pessoas negras são aquelas que representam os papéis sociais atribuídos pelo sistema: cantor e/ou compositor popular, jogador de futebol e 'mulata'. Em todas essas imagens há um elemento em comum: a pessoa negra é *um objeto de divertimento*".[1]

A tipificação cultural do negro nos polos de trabalhador desqualificado e *"entertainer"* remete, por sua vez, a outro elemento em comum, condensado em atributos do corpo: vigor e resistência física, ritmo e sexualidade. Ao negar outras características, a estereotipia nega o negro que não se encaixa nesses dois polos: o operário qualificado, o empregado de escritório, o bancário, o universitário etc.

As noções de invisibilidade e de identidade pública e privada impostas pelo branco providenciam os elementos conceituais mínimos para analisar as imagens do negro apresentadas na publicidade. Na medida em que a publicidade opera segundo a linha de menor resistência, e que sua função é vender produtos ao maior número possível de pessoas, e não mudar estereótipos, a expectativa inicial é que ela tenda a reproduzir as manifestações de racismo presentes na cultura. Dentre as diferentes modalidades de publicidade, optou-se pela observação daquela veiculada pela televisão e por um conjunto de revistas. A observação resultou no registro de 117 anúncios publicitários transmitidos pelos três canais comerciais da televisão do Rio de Janeiro e de 87 anúncios publicados em sete revistas selecionadas.[2]

A primeira constatação derivada desse conjunto de anúncios relaciona-se diretamente à invisibilidade do negro e à autoimagem embranquecida do Brasil. Segundo a estimativa mais atualizada, proveniente da PNAD de 1976, a população do país contava com 41% de pretos e pardos. No mundo da publicidade, a realidade é outra: em um total de 203 anúncios publicitários de revistas e televisão, o negro está presente em apenas nove, sendo que em três deles aparece em propagandas do governo, de caráter não comercial. Dessa acentuada desproporção pode-se derivar a conclusão de que, no raciocínio do publicitário, o negro quase que inexiste como consumidor. A limitada capacidade aquisi-

O negro na publicidade 129

tiva da população negra poderia dar conta da ausência de apelos publicitários ao negro como consumidor potencial de carros de luxo, banheiras com hidromassagem e sofisticados equipamentos de som. Não obstante isso, o leque de produtos anunciados inclui uma variedade de bens e serviços de consumo popular difundido. Na lógica subjacente à publicidade, a pergunta possivelmente é: se anunciando para brancos o negro também compra, por que arriscar-se a "denegrir" a imagem do produto?[3]

Constatada a invisibilidade do negro na publicidade, o próximo passo consiste em determinar como e em que circunstâncias ele faz suas raras aparições. Justamente por serem raras, elas permitem um exame caso a caso, começando com as propagandas governamentais na televisão.

A primeira delas é uma campanha de recrutamento para a Marinha e mostra um grupo de marinheiros de várias cores, de branco a negro, executando tarefas no convés de proa de um navio de guerra. A mensagem transmitida nessa tarefa de equipe apela para a defesa da pátria, tarefa de todo brasileiro, independentemente da cor. A segunda propaganda do governo consiste em uma campanha de alistamento nas Forças Armadas. Ela mostra um jovem negro navegando em canoa um rio, dirigindo-se à cidade mais próxima para apresentar-se no posto de alistamento. O anúncio insinua a presença do negro que, no cumprimento de um dever cívico, transita confiante e de maneira desimpedida pelo mundo dos brancos, nesse caso representado pelo funcionário da junta de alistamento. A última propaganda governamental é uma campanha de vacinação contra o sarampo e mostra um grupo de crianças pobres, brancas e negras, que constituem a população alvo da campanha. Além de mostrar a preocupação do governo com a saúde da população, particularmente das camadas mais carentes, uma das mensagens implícitas reside na inexistência de divisões raciais no seio do povo. Essas três aparições do negro na publicidade filiam-se à sua identidade oficial. Os anúncios estão isentos de implicações racistas. Como cidadão brasileiro, no desempenho de suas obrigações cívicas, o negro aparece junto ao branco em situações de igualdade.

Considerando os exíguos 3% de anúncios publicitários de caráter comercial em que o negro aparece de alguma forma, serão analisados primeiros aqueles mostrados na televisão. A propaganda mais neutra do ponto de vista de suas implicações raciais é a de um supermercado que atualmente expande sua rede de pontos de comercialização da Zona Sul para a Zona Norte do Rio de Janeiro. Nela aparece uma multidão de pessoas em um espaço aberto, a qual vai se juntando lentamente até formar uma massa compacta. O grupo dá uma visão do corpo de funcioná-

O negro na publicidade 131

rios da empresa e na sequência final são destacados em close os rostos de várias pessoas brancas e negras. Apesar da ausência de implicações raciais, esse anúncio evidencia um procedimento publicitário em que existe uma assimetria no tratamento dado a brancos e negros. Trata-se de evitar a associação direta entre o negro e produtos específicos, particularmente de uso pessoal. A única exceção dessa associação direta que vem à memória é a da empregada doméstica negra que, autorizada pelos seus longos anos de experiência na cozinha, pode afirmar que a marca x faz o cafezinho mais gostoso ou o detergente y lava melhor a louça. O anúncio seguinte corresponde a uma rede de lojas que disputa a fatia mais popular do mercado de eletrodomésticos. A sequência inicial mostra um casal negro cantando e dançando ao ritmo de um samba, segue enfocando outro casal, branco, e termina mostrando um grupo de pessoas de várias cores. Novamente, inexiste uma associação entre o negro e produtos específicos. Por outro lado, apesar de a propaganda fazer um apanhado de pessoas comuns em situações de rua, a coreografia do casal negro entoando um samba faz com que ele se aproxime da categoria de *"entertainer"*. A última propaganda televisiva é a de uma marca de cerveja (nº 39). Dentro de um botequim e em um clima festivo, com samba como música de fundo, ela mostra um grupo de jovens brancos bebendo chopp, segue enfocando um homem negro e termina com outro grupo branco bebendo. Esse é o único anúncio que, possivelmente pela popularidade do produto, estabelece uma associação entre o negro e o produto, ainda que essa associação esteja diluída pela presença majoritária de pessoas brancas.

Deslocando a atenção para a publicidade das revistas, ingressa-se no âmbito de produtos mais sofisticados, em que se eleva rapidamente a proporção de modelos publicitários brancos do mais puro tipo nórdico.

Nesse caso, a publicidade em que a estereotipação do negro aparece de forma mais evidente anuncia uma linha de veículo de transporte. A composição inclui as fotografias de quatro veículos. Em três delas aparecem seus donos, brancos e um casal japonês, junto a produtos hortigranjeiros a serem transportados, insinuando tratar-se de pequenos e médios agricultores. A quarta fotografia mostra um caminhão de mudanças junto ao motorista branco e a um carregador negro, este último apresentado na imagem mais contundente de trabalhador braçal desqualificado.

A segunda publicidade, de uma empresa de produtos metalúrgicos, está baseada na fotografia de um homem negro mestre-sala e uma porta-bandeira mestiça apresentando-se diante das arquibancadas. O anúncio sugere o contraste

O negro na publicidade

entre dois Brasis. Um, o Brasil de sempre, "tropical e abençoado", representado por negros desfilando numa escola de samba. Outro, pela rigidez e eficiência das arquibancadas de aço, de onde se vê o desfile. Este último é o Brasil novo, de mudança e progresso. Assim, temos um contraponto entre a ideia de desenvolvimento, positivamente conotada, e seu negativo "abençoado": o mero folclore, representado por negros. Além do mais, o anúncio é uma instância de apropriação de produtos culturais do negro, apresentados como tipicamente brasileiros, na sua versão mais folclorizada e mercantilizada.

A última publicidade, de um banco estadual de desenvolvimento, mostra uma fotografia de sete homens negros puxando uma rede de pesca para fora d'água. A evocação mais simples e direta é a do trabalho rude, força e vigor físico.

Projetando a probabilidade desta amostra, seria necessário observar aproximadamente 3 mil anúncios para registrar umas cem aparições publicitárias do negro. Os poucos casos observados para este trabalho impedem formular afirmações definitivas, mas permitem detectar tendências e chegar a algumas conclusões preliminares:

a) A publicidade não é alheia à dinâmica simbólica que rege as relações raciais no Brasil. Por ação e omissão, ela é instrumento eficaz de perpetuação de uma estética branca carregada de implicações racistas. Nela o negro aparece sub-representado e diminuído como consumidor e como segmento da população do país, reforçando-se assim a tendência a fazer dele um ser invisível, "retirado de cena".

b) Nas suas escassas incursões na publicidade, o negro tende a aparecer dissociado de produtos específicos, o que sugere a estratégia publicitária de evitar a "contaminação" da imagem desses produtos. Além do mais, suas aparições tendem a ficar diluídas e amenizadas pela presença conjunta de representantes do grupo racialmente dominante.

c) A publicidade reproduz os estereótipos culturais sobre o negro, assim contribuindo para delimitar, no plano ideológico, "seus lugares apropriados". Esses lugares esgotam-se na polaridade trabalho desqualificado/*"entertainer"*, "objeto de consumo".

Estas constatações sugerem a comparação com uma sociedade que, tida como racista, serviu como exemplo negativo para constituir o mito da democracia racial brasileira. Nos Estados Unidos, o negro, verdadeira minoria numérica, conquistou um lugar irreversível e não estereotipado no âmbito da publicidade — essa invenção típica e característica do país do Norte. Sem dúvida, esse lugar deriva das profundas transformações culturais e políticas no sistema de relações raciais e do fato de o negro americano ter de-

O negro na publicidade

finido sua própria identidade, impondo a mesma ao resto da sociedade.

Na ausência de transformações semelhantes, o negro brasileiro, exposto ininterruptamente às imagens de um mundo branco dominante, ficará confinado às alternativas de uma autoimagem negativa ou à adoção de um ideal de ego branco nos seus intentos de ascensão social.[4]

Notas

O movimento negro na última década [pp. 15-83]

1. Candeia e Isnard, *Escola de samba: A árvore que esqueceu a raiz.* Rio de Janeiro: Lidador, 1978.
2. Ibid.
3. Carlos Alberto Medeiros, em entrevista dada a *Artefato, Jornal de Cultura*, ano II, n.· 10, s.d., pp. 12-4.
4. *Jornegro*, ano I, n. 2, maio 1978.
5. Centro de Estudos Afro-Asiáticos e Centro de Estudos Afro--Brasileiros, *Estudos Afro-Asiáticos* (Cadernos Cândido Mendes), ano I, n. 1, jan.-abr. 1978.
6. Depoimento de Milton Barbosa, do Centro de Luta Decisão, do MNUCDR. *Jornal Versus*, n. 27.

Raça, classe e mobilidade [pp. 85-122]

1. Robert E. Park, "The nature of race relations". In: E. T. Thompson (Org.), *Race Relations and the Race Problem.* Durham: Duke University Press, 1939.

138   *Lugar de negro*

2. Os trabalhos mais representativos da escola assimilacionista são Oscar Handlin, *The Newcomers: Negroes and Puerto Ricans in a Changing Metropolis* (Cambridge: Harvard University Press, 1959), Nathan Glazer e Daniel P. Moynihan, *Beyond the Melting Pot* (Cambridge: The MIT Press, 1963) e Milton M. Gordon, *Assimilation in American Life* (Nova York: Oxford University Press, 1964).

3. *Economic Report of the President — 1964*, Washington: Government Printing Office, 1964, pp. 69-70.

4. Exposições da teoria do colonialismo interno aplicadas às minorias raciais podem ser encontradas em Stokely Carmichael e Charles V. Hamilton, *Black Power: The Politics of Liberation in America* (Nova York: Random House, 1967) e Robert Blauner, *Racial Oppression in America* (Nova York: Harper & Row, 1972).

5. Essas críticas são elaboradas de maneira contundente por Oliver C. Cox em *Caste, Class and Race*. Nova York: Modern Reader, 1970 [1948], cap. 19.

6. Ibid., p. 333.

7. Ibid., p. 476.

8. Uma variante dessa interpretação, baseada em análise empírica de dados recentes, admite que o sistema de desigualdades raciais aumenta a desigualdade econômica entre a população branca através dos benefícios que gera para os capitalistas e para uma fração de trabalhadores brancos mais bem remunerada. Ver Michael Reich, *Racial Inequality*. Princeton: Princeton University Press, 1981.

9. James Boggs, *Racism and the Class Struggle*. Nova York: Modern Reader, 1970, p. 28.

10. Eugene D. Genovese, *In Red and Black*. Nova York: Vintage, 1972, pp. 57-8.

Notas

11. Jeffrey Prager, "White racial privilege and social change: An examination of theories of racism", *Berkeley Journal of Sociology*, v. 17, 1972-73, pp. 127-8.

12. Edna Bonacich, "A theory of ethnic antagonism: The split labor market", *American Sociological Review*, v. 37, n. 5, out. 1972, p. 553.

13. Sidney Willhem, "Can marxism explain America's racism?", *Social Problems*, v. 28, n. 2, 1980, p. 104, citando Edward Kirshner e James Morey.

14. Donald Pierson, *Negroes in Brasil: A Study of Race Contact in Bahia* (Chicago: The University of Chicago Press, 1942) e Charles Wagley (Org.), *Race and Class in Rural Brazil* (Nova York: Columbia University Press, 1963). Uma conceitualização semelhante encontra-se em Thales de Azevedo, *As elites de cor: Um estudo de ascensão social*. São Paulo: Companhia Editora Nacional, 1955.

15. Charles Wagley, "From caste to class in North Brazil". In: Melvin Tumin (Org.), *Comparative Perspectives in Race Relations*. Boston: Little, Brown & Co., 1967, p. 60.

16. Florestan Fernandes, *A integração do negro na sociedade de classes* (São Paulo: Dominus, 1965) e *O negro no mundo dos brancos* (São Paulo: Difusão Europeia do Livro, 1972); Fernando Henrique Cardoso, *Capitalismo e escravidão no Brasil meridional* (São Paulo: Difusão Europeia do Livro, 1962) e Octávio Ianni, *As metamorfoses do escravo* (São Paulo: Difusão Europeia do Livro, 1962).

17. Carlos Hasenbalg, "Desigualdades raciais no Brasil" (*DADOS*, n. 14, 1977), *Discriminação e desigualdades raciais no Brasil* (Rio de Janeiro: Graal, 1979) e "Race and Socioeconomic Inequalities in Brazil", trabalho apresentado no Simpósio sobre Classe e Raça

no Brasil (Center for Afro-American Studies, Universidade da Califórnia, Los Angeles, 1980). Para uma análise dos efeitos da discriminação racial nos diferenciais de mobilidade social entre brancos e negros, ver Nelson do Valle Silva, "Cor e o processo de realização socioeconômica", e sobre a divisão racial do trabalho no Brasil, ver Lúcia Helena G. de Oliveira, Teresa Cristina N. Araújo Costa e Rosa Maria Porcaro, "O 'lugar' do negro na força de trabalho", trabalhos apresentados no IV Encontro da Associação Nacional de Pós-Graduação e Pesquisa em Ciências Sociais, Rio de Janeiro, 1980.

18. Carlos Hasenbalg, "Race and Socioeconomic Inequalities in Brazil", op. cit.

19. Nelson do Valle Silva, "Cor e o processo de realização socioeconômica", op. cit.

O negro na publicidade [pp. 123-35]

1. Lélia Gonzalez, "Racism and its effects in Brazilian society", trabalho apresentado na Women's Conference on Human Rights and Mission, World Council of Churches, Genebra, jul. 1979, p. 4.

2. Foram registradas unicamente publicidades que apresentavam figuras humanas no conteúdo do anúncio. No caso da televisão, as propagandas repetidas foram contadas uma vez só na enumeração total. Cada um dos canais comerciais de televisão do Rio de Janeiro (canais 4, 7 e 11) foi observado durante uma noite, em dia de semana, entre 19h e 23h. Revistas examinadas no mês de abril: *Fatos e Fotos* (27 abr. 1981); *Playboy*; *Status*; *Manchete* (25 abr. 1981); *Veja* (15 abr, 1981); *Isto É* (15 abr. 1981) e *Claudia*.

Notas 141

3. A ausência do negro não deve levar a pensar que o ideal de beleza transmitido pela publicidade reflete as características físicas externas típicas do branco brasileiro. Particularmente no caso das revistas, destinadas a um público mais restrito que o da televisão, o número de modelos brancas, louras e de olhos azuis leva a pensar mais em publicações oriundas da Suécia que do Brasil.

4. Sobre a adoção de um ideal de ego branco pelo negro em mobilidade ascendente, ver Neusa Santos Souza, *Tornar-se negro, ou As vicissitudes da identidade do negro brasileiro em ascensão social* (Rio de Janeiro: Zahar, 2021), originalmente tese de mestrado apresentada ao Instituto de Psiquiatria da Universidade Federal do Rio de Janeiro, 1981.

1ª EDIÇÃO [2022] 2 reimpressões

ESTA OBRA FOI COMPOSTA POR MARI TABOADA EM DANTE PRO E
IMPRESSA EM OFSETE PELA GRÁFICA SANTA MARTA SOBRE PAPEL PÓLEN
BOLD DA SUZANO S.A. PARA A EDITORA SCHWARCZ EM FEVEREIRO DE 2024

A marca FSC® é a garantia de que a madeira utilizada na fabricação do papel deste livro provém de florestas que foram gerenciadas de maneira ambientalmente correta, socialmente justa e economicamente viável, além de outras fontes de origem controlada.